우리의 기원,
단일하든
다채롭든

KI신서 10558

우리의 기원, 단일하든 다채롭든

1판 1쇄 인쇄 2022년 12월 1일
1판 1쇄 발행 2022년 12월 14일

지은이 강인욱
펴낸이 김영곤
펴낸곳 (주)북이십일 21세기북스

인생명강팀장 윤서진 **인생명강팀** 최은아 강혜지
디자인 형태와내용사이
출판마케팅영업본부장 민안기
마케팅2팀 나은경 정유진 박보미 백다희
출판영업팀 최명열 김다운
제작팀 이영민 권경민

출판등록 2000년 5월 6일 제406-2003-061호
주소 (10881) 경기도 파주시 회동길 201(문발동)
대표전화 031-955-2100 **팩스** 031-955-2151 **이메일** book21@book21.co.kr

(주)북이십일 경계를 허무는 콘텐츠 리더

21세기북스 채널에서 도서 정보와 다양한 영상자료, 이벤트를 만나세요!
페이스북 facebook.com/jiinpill21 **포스트** post.naver.com/21c_editors
인스타그램 instagram.com/jiinpill21 **홈페이지** www.book21.com
유튜브 youtube.com/book21pub

서울대 가지 않아도 들을 수 있는 명강의! 〈서가명강〉
'서가명강'에서는 〈서가명강〉과 〈인생명강〉을 함께 만날 수 있습니다.
유튜브, 네이버, 팟캐스트에서 '서가명강'을 검색해보세요!

© 강인욱, 2022
ISBN 978-89-509-7887-7 04300
      978-89-509-9470-9 (세트)

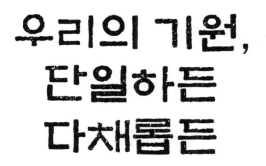

우리의 기원,
단일하든
다채롭든

상상과 과학의 경계에서 찾아가는
한민족의 흔적

강인욱 지음

21세기북스

———

도대체 나는 어쩌다 고고학을 시작하게 되었을까. 지금
도 주변 사람들에게 자주 질문을 받는다. "교수님은 왜 고고
학을 전공하셨나요?"

돌아보면 어려서부터 무조건 아주 거대한 것(천체, 우주
등)이나 미세한 것(원자의 세계 등), 또는 아주 오래된 것(고대
문명 등)이나 신기한 것(SF 등)처럼 다른 사람들이 선뜻 좋아
하지 않는 것에 관심이 많았다. 그중에서도 나의 인생을 정
한 책은 『사회과부도』였다. 우중충한 교과서들 사이에서 화
려하게 채색된 한국과 세계 지도를 들여다보는 것은 큰 즐

거움이었다. 한 장 한 장 넘기며 가보지 못한 외국과 고대사 속 나라를 꿈꿨고, 자연스럽게 고고학에 관심을 두게 되었다.

중학교에 진학한 이후, 나의 꿈은 한민족의 기원을 밝히겠다는 바람으로 구체화되었다. 우리 민족은 언제, 어디에서, 어떻게 시작되었을까? 역사를 좋아하는 사람이라면 가장 먼저 기원에 대한 의문을 품을 것이다. 비단 한국 사람뿐만이 아니다. 인류의 기원을 찾고 자신의 뿌리를 거슬러 올라가고 싶은 바람은 세계 공통이다. 나 역시 마찬가지였다.

대학에서 고고학을 전공하면서 나의 희망은 한반도 북방으로 끊임없이 확장해나갔다. 학부 논문은 '북한의 평양 일대 낙랑고분'을, 석사 논문은 '만주 일대 고조선 지역의 동검'을 주제로 잡았다. 이후 시베리아 과학원에서 박사과정을 밟으면서 시야를 점점 넓혀갔다.

박사과정을 졸업하고 한국에서 본격적으로 학자로 활동을 시작할 즈음, 중국과 동북공정으로 인한 갈등이 터졌다. 자연스럽게 나의 연구 주제는 연해주 지역과 발해 일대로 넘어갔다. 한민족의 기원을 밝히겠다는 나의 관심은 한반도를 중심으로 하는 유라시아 일대의 여러 지역에 대한 관심으로 넓어졌다.

　나와 같은 고고학 분야의 전공자들은 30년 넘게 유라시아와 한반도의 관계를 밝히고 있는 나에게 다음과 같은 두 가지 질문을 주로 던진다. "한국인은 유라시아 초원 어딘가에서 내려왔을까?", "한국인이 정말 그렇게 먼 곳이랑 관련이 있을까?"

　두 질문은 정반대 관점이지만 공통점이 있다. 지난 수십 년간 남한에만 갇혀 있었던 한국인들은 유라시아라는 지리적 공간을 피상적으로 생각하고 있다. 하물며 나 자신이 누군지 알기 위해서도 당연히 주변에 누가 있는지 먼저 돌아봐야 한다. 최근까지 우리는 한반도를 둘러싼 유라시아 일대를 종합적으로 보기보다는 순수한 혈통의 우월한 한민족을 찾으려는 경향이 많았다. 하지만 인간이 다른 사람과 떨어져 고립되어 살 수 없듯이, 하나의 국가나 민족도 다른 지역과 교류하거나 전쟁하는 등 다양한 방식으로 관계를 맺지 않으면 결코 탄생할 수 없다.

　내가 대학에 다니던 시절까지는 일제 강점기 시대의 영향으로 순수한 한민족의 기원에 대한 관심이 많이 남아 있었다. 주변에 관심을 돌릴 겨를도 없이 우수한 한국의 문화를 어떻게든 다른 나라와 사람들에게 알리기에 급급했다. 한때 유행했던 "우리의 것이 소중하다"는 광고의 카피처럼 말이다. 그러다 보니 일반인들이 나처럼 넓은 관점에서 한국의 기원을 바라보기란 쉽지 않았다. 언제나 나의 연구는 국내의 고고학자들이 관심을 두지 않았던 분야를 개척하는 일이었다.

하지만 박사과정을 밟기 위해 시베리아에 유학하면서 그동안 얼마나 우물 안 개구리처럼 살았는지를 절감했다. 지도교수님께 '만주지역의 청동기시대'에 관한 석사 논문을 드리면서 약간은 우쭐대며 "한국과 만주지역의 청동기시대의 관련성을 밝히기 위한 것입니다"라고 설명했다. 한국에서는 거의 최초로 나온 만주에 대한 졸업논문이었다. 하지만 돌아온 반응은 뜻밖이었다. 교수님은 눈을 몇 번 껌뻑이더니 "만주와 한반도는 다 같은 청동기문화권 아닌가? 유물이며 무덤에서 차이가 없을 텐데……"라고 하시는 것이 아닌가. 교수님의 말씀이 맞았다. 유라시아의 관점에서 두 곳은 같은 지역이었다. 그 순간 한반도의 틀에만 갇혀 있던 내가 부끄러워졌다.

시베리아의 드넓은 땅을 지리적 관점으로만 보자는 이

야기가 아니다. 이웃한 중국의 관점에서 보아도 마찬가지다. 예컨대 한국의 서울과 경기도에 해당하는 중국의 베이징과 허베이성은 면적으로 따지면 남한의 두 배가 넘는다. 우리가 갇혀 있는 동안 서구의 선진국들은 유라시아를 가로지르는 문명 교류의 상징, 실크로드를 100년간 연구했다.

고백하자면 만주 일대에 대한 석사 논문을 준비하는 동안 나는 중국에 가본 적이 한 번도 없었다. 당시의 시대 상황 때문이었다. 중국은 개방된 지 얼마 되지 않았고, 젊은 연구자들은 앞다투어 인기 있는 영어권 국가로 유학을 갔다. 그리고 이후 30년 동안 세상은 완전히 바뀌었다. 북한을 제외하면 사회주의권 국가라도 어디든 갈 수 있게 되었다. 이제 많은 학자가 유라시아를 주제로 한 광활한 연구에 투신하고 있다. 이제 한국은 명실상부한 선진국의 반열에 올라섰으므로 더 넓은 시야에서 역사를 바라보아야 한다.

고고학이라는 쉽지 않은 분야에서도 남들이 가지 않는 북방 유라시아라는 길만을 걸어오면서도 변하지 않은 내 평생의 화두는 '우리의 고대문화는 어떻게 형성되었는가'다. 지금까지 내린 결론은 한민족은 결코 단일민족이나 순수한 혈통이 아니고, 북방 유라시아와 끊임없이 교류하며 지금의 모습을 형성했다는 것이다.

지난 2017년과 2021년에는 한국의 모든 고고학자가 모이는 한국 고고학전국대회의 핵심 주제로 고조선과 실크로드의 고고학이 선정되었다. 이제 한민족의 기원은 좁은 남한이 아니라 넓은 유라시아의 관점에서 보는 것이 대세가 되었다. 나는 고고학에 관심 있는 독자들에게도 최근의 연구결과를 보여주며 역사의 흐름을 공유하고 싶었다.

한국은 삼면이 바다인 땅이다. 이런 지정학적 상황에서 북방지역에 관한 이야기는 필연적으로 다뤄져야 한다. 바다를 통한 주변 지역과의 왕래와 문화 교류 또한 중요하지만, 북방지역 연구는 이와는 많이 다른 맥락이다. 그리고 거대한 유라시아 대륙과는 결코 길 하나로 교류해오지 않았다. 우리의 조상과 유라시아 문명은 서로 다양한 방식으로 왕래해왔고, 새로운 문화를 전하고 받았다.

지금 나의 관심은 한민족의 기원이라는 문제에서는 다소 벗어나 있다. 우리가 어디에서 왔을까를 궁금해하며 막연하게 고향을 찾는 것은 중요하지 않기 때문이다. 세상에 순수한 단일민족은 없고 우리의 고향은 한곳으로 특정할 수 없다. 수만 년간 이 땅에 새로운 사람들이 들어오고 떠나면서 다양한 문화가 유입되고, 뿌리내리고, 한반도에 살던 사람들은 여러 이웃과 함께했다. 즉, 한민족의 기원은 다양한 지역과 교류하면서 이 땅에 적응한 사람들의 모습이다. 많은 사람과 어울리며 서로의 장점을 받아들이고 경험을 공유하면서 지금까지 살아온 것이다.

그래서 이 책은 총 네 개의 주제로 하나씩 풀어냈다. 고조선으로 대표되는 만주의 청동기시대, 유라시아 초원의 유목문화, 동해안을 따라 이루어진 교류의 루트, 마지막으로 최근에 활발하게 논의되고 있는 DNA 연구다.

아직도 한민족의 기원을 순수한 혈통이나 언어에서 찾고 있는가? 우리는 결코 하나가 아니었다. 고립된 적도 없었다. 다양한 사람들과 어울리며 지금의 우리가 되는 모습을 수천 년 역사에서 찾아보길 바란다.

2022년 12월
강인욱

한반도로 이어지는 세 가지 길

한국과 북방지역의 교류를 왜 연구하게 되었는지, 실제로 그것이 중요한지 묻는 사람이 많다. 그때마다 난 이렇게 답하곤 한다.

"한반도는 지리적으로 삼면이 바다로 둘러싸여 있고 대륙과 이어진 부분은 북쪽밖에 없으니까요."

물론 한반도 사람들은 바다를 거쳐 일본과 교역하거나 인도와 같은 먼 나라의 문화를 접하기도 했지만, 해상 기술이 발달하지 않은 고대에는 북방에 대한 의존이 심할 수밖에 없었다. 그러다 보니 주로 중국, 러시아, 몽골과 같은 나라와 왕래하는 일이 잦았다.

　막연하게 북방 유라시아라고 말하지만, 넓이가 한반도의 수백 배에 달하는 거대한 지역을 그냥 하나로 묶어서 말한 다는 것은 정말 애매하다. 그래서 나는 그 길을 크게 세 가 지로 나누어서 본다.

　지도의 1번 길은 '고조선의 길'이다. 내몽골 동남부 지역 의 샤자뎬 상층문화가 발달한 이 지역은 요하의 하류 유역 으로 일찍이 초원과 중국 문화의 교차로였다. 이 지역에서

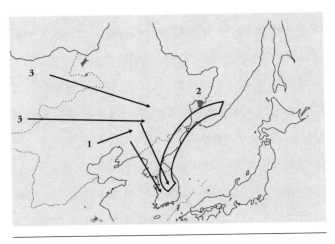

유라시아에서 한반도로 문화가 유입된 세 가지 루트

는 약 3,000년 전에 유라시아의 전차와 중국에서 만든 그릇으로 제사를 지내는 사람들이 생겨났다. 그리고 곧 그들은 고조선을 상징하는 비파형 동검문화를 발달시키는 원동력이 되었다.

두 번째 길은 몽골과 시베리아 초원에서 널리 발흥했던 유목민의 기마문화다. 몽골과 시베리아의 초원문화는 5,000년 전부터 발달했다. 하지만 당시에는 한반도에 큰 영향을 주지 않다가 흉노가 발흥한 기원전 4세기경부터 본격적으로 영향을 미치기 시작했다. 강력해진 초원문화는 주변 지역으로 뻗어나갔다. 특히 만주 일대에서는 선비, 오환 등이 흉노에 복속되며 이 문화를 받아들였다. 그리고 부여와 고조선의 물질문화에도 그 영향이 미치기 시작했다.

세 번째 루트는 동해안을 따라서 은밀하게 발달한 교역 루트다. 멀리 아무르강(헤이룽강) 유역에서 연해주를 거쳐 강원도 지역으로 이어지는 이 길은 지리적 조건이 열악해 역사에 남은 기록이 거의 없어 잘 알려지지 않았다. 하지만 유라시아의 발달된 문화 중 일부는 이 환동해 루트를 따라서 한반도로 유입되었고, 후에 발해가 성장하는 기반이 되었다.

이처럼 유라시아의 문명은 여러 가지 루트를 따라 한반도로 들어왔다. 문화뿐 아니라 인적·경제적 교류가 활발히 이루어지면서 향후 한반도가 발전하는 데 큰 영향을 미쳤다. 앞으로 이 책에서는 이 세 가지 루트를 면밀하게 살펴보며 한반도의 성장 과정을 역사적 관점에서 바라볼 것이다.

차례

1장

우리는 어디에서 시작되었는가

— 청동기

세상을 바꾸는 신기술 하나가 한 나라를 먹여 살리기도 하고, 다른 나라와 갈등을 일으키는 요소가 되기도 한다. 청동기라는 기술은 거대한 하나의 문명을 이룰 만큼 혁명적인 발견이었다.

1. 고조선의 시작, 비파형 동검

역사책에는 없는 고조선 이야기

역사, 특히 한국사를 사랑하는 사람에게 한민족의 기원이라는 주제만큼 마음을 설레게 하는 이야기도 없을 것이다. 나 역시 초등학교 때부터 우리 민족의 기원을 알고 싶어 역사를 파고들기 시작했다. 교과서에 등장하는 환웅과 웅녀의 이야기, 단군 신화, 고조선, 그리고 그 외 국가들의 기원 설화는 이야기만으로도 재미있었지만, 이면에 숨은 개국의 의미와 상징을 찾아가는 것도 흥미진진했다. 그렇다면 한반도를 거점으로 하는 고고학의 문을 열면서 "한민족은 어디에서부터 시작되었을까?"라는 질문을 던지는 것은 당연한 출발점일지 모르겠다.

한반도의 기원이라고 하면 무엇이 가장 먼저 떠오르는가? 우리나라 최초의 국가인 고조선? 아니면 그와 이어지는 단군 신화? 역사와 지리 등 다방면에 관심이 있는 사람이라면 알타이, 시베리아 같은 유라시아의 지역과 지명 정도까지 떠올릴 수 있을 것이다.

여기에서 조금 더 나아가 보자. 정말 "한국사 교과서에서 본 이야기만이 고조선의 전부일까?" 이 질문에 대한 답은 "그렇지 않다"다. 고조선이 한반도 최초의 국가라는 사실을 모르는 사람은 없다. 연표상으로는 기원전 2333년에 세워졌다. 하지만 이 연대는 상징적인 의미만을 담고 있다. 국립중앙박물관에는 고조선을 대표하는 유물들로 비파형 동검, 철기, 표주박형의 미송리식 토기 같은 것이 진열되어 있지만, 이것만으로는 실제 고조선이 어떻게 형성되었고 성장했는지 이해하기가 어렵다.

변명하자면 이것은 학자들의 게으름 때문이 아니다. 고조선의 성장 과정을 추적하기 위한 자세한 기록이 너무 적기 때문이다. 고고학에는 '원사시대protohistory'라는 개념이 있다. 흔히 역사 기록이 없는 시대를 '선사시대', 글자로 기록이 남아 있는 시대를 '역사시대'라고 하며, 그 중간을 원사시대라고 부른다. 분명 역사시대지만 정작 자신들이 남긴 기록이 없는 시대로, 고조선이 바로 그 시기에 해당된다.

중국이 고조선에 대해 본격적으로 기록한 시점은 기원전 7세기대다. 기원전 4세기가 되면 고조선은 연나라와 전쟁을 하거나 외교적으로 왕래도 하지만, 이 모든 일은 중국에서 자신들의 역사를 쓰는 과정에서 나오는 것이므로 고조선의 관점에서 기록된 역사가 아니다. 따라서 고조선을 파악하기에는 턱없이 부족하다.

기원전 7세기에는 만주와 한반도 일대에도 청동기문화가 널리 발달하면서 본격적으로 계급이 등장하고 국가가 형성되었다. 여기까지 파악하고 나면 이제 고고학자들이 등장할 차례다. 그들이 하는 일은 마치 외국에 나가 외국어를 모른 채 물건을 사고 거리를 활보하는 것과 같다. 고조선이 남긴 물질의 흔적만으로 그들의 실체를 밝혀내는 것이다. 고고학의 한 가지 장점은 기록과 달리 유물은 계속해서 발견되면서 새로운 자료로 정보를 업데이트할 수 있다는 점이다.

하지만 고고학자들의 접근에는 기본적으로 한계가 있다. 유물은 스스로 자신들이 무엇인지 말하지 않는다. 고고학자들이 물건을 이리저리 관찰하면서 유추와 해석을 할 뿐이다. 그렇다면 고고학자들은 어떻게 고조선을 증명할 수 있었을까?

이를 증명하려면 먼저 시간과 공간을 정해야 한다. 역사책에 등장하는 고조선이 존재했던 지역을 파악하고 그 일대에서 국가가 있었던 흔적을 찾는 것이다. 고고학자들이 생각하는 가장 중요한 국가의 조건은 바로 계급이었다. 계급 사회에서는 국가를 통치하는 왕이 가장 높은 자리를 차지하고 귀족, 제사장, 그리고 군사 계급 등이 놓이게 된다. 그런 상위 계급의 무덤에는 일반인과 비교할 수 없는 많은 유물이 묻혀 있다. 즉, 무덤의 크기와 유물의 차이를 비교해서 당시 왕이나 귀족의 역할을 했던 사람을 밝히는 것이다. 통치자들이 공통적으로 사용한 물건은 대체로 아름답고 귀한 금속인 청동기로 만들어졌다. 청동기는 전 세계적으로 문명의 발달을 이야기할 때에 가장 먼저 손꼽는 유물이다. 고조선도 예외가 아니었다.

다음 사진을 본 적이 있는가? 이름은 기억하지 못하더라

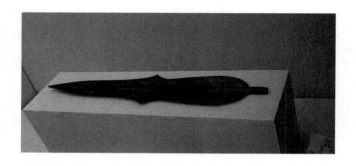

고조선의 대표적 유물인 비파형 동검

도 역사 교과서에서 한 번쯤은 이렇게 생긴 유물을 본 적이 있을 것이다. 이것이 그 유명한 비파형 동검이다. 비파형 동검은 옛날 악기인 비파琵琶와 모양이 비슷하다고 해서 붙은 이름으로, 파랗게 빛나는 청동 재질이 특징이다. 과거에는 만주의 랴오닝성 근처에서 주로 발견된다는 점에 착안해 '랴오닝식 동검'이라고 부르기도 했으나 최근에는 한반도에서도 많이 발견되어 비파형 동검으로 통일해 부르고 있다.

여기에서 잠시 유물의 명명법을 짚고 넘어가 보자. 비파형 동검이라는 이름은 어떻게 붙은 것일까? 현대인은 본 적도 없는 '비파'라는 악기에서 유물의 이름을 따온 이유는 발견 당시 고고학자가 그 악기를 연상했기 때문이다. 이에 따라 비파형 동검도 나라마다 다르게 명명되었다. 영어로는 기타의 전신인 '만돌린'이나 '류트'라는 악기를 본뜬 이름으로, 러시아에서는 '바이올린형 동검'으로 부른다.

독특하게도 이 무기에 이름을 붙일 때 모든 나라에서 주목한 부분은 칼날의 가운데에 삐죽 나온 돌기였다. 칼을 매끄럽고 길쭉하게 만들지 않고 중간에 돌기를 낸 이유는 무엇일까? 비파형 동검은 손잡이인 자루를 포함하면 50센티미터에 이르는 장검이다. 재료는 철보다 부드러운 금속인 청동을 사용했다. 검을 가늘고 길게 만들 경우, 이런 특성으로 쉽게 휘어질 수 있으므로 중간에 돌기를 만들어 안정감을 준 것이다.

지금은 녹슬어 보잘것없어 보이지만 청동검은 처음 등장했을 때만 해도 황금빛이 뿜어져 나오고, 겉에는 화려한 장식과 칼집이 더해져 지배자의 군사적인 위엄을 보여주는 상징적인 무기였다. 고고학자들이 한때는 이 무기를 고조선 자체라고 생각했을 때도 있었을 만큼 특별한 의미를 갖고 있다.

청동기는 문명의 상징이다. 인간의 역사는 구석기시대,

신석기시대, 청동기시대, 철기시대 등 당시에 주로 사용하던 신소재의 이름을 기준으로 구분한다. 이렇게 하나의 시대에 청동기라는 이름이 붙은 것은 전 세계 공통적인 현상이다. 따라서 지배계급이 소유했던 청동기 유물이 가진 상징성은 아무리 강조해도 지나치지 않다.

문명의 발흥, 청동기의 시작

이집트, 메소포타미아처럼 서양의 대표적인 고대 문명은 약 6,000년 전부터 청동기를 만들기 시작했다. 이와 함께 피라미드와 같은 거대한 무덤이나 관개시설을 축조하면서 거대한 국가로 발전했다.

그런데 동아시아에서는 그보다 훨씬 늦은 시기부터 청동기를 사용했다. 중국이 본격적으로 청동기를 사용한 시점은 약 4,000년 전이다. 한국의 경우 약 3,500년 전에 처음으로 청동기를 만들었다. 최근까지 3,000년 전으로 알려졌지만, 2016년 강원도 정선 아우라지의 청동기시대 주거지에서 청동기로 장식한 목걸이가 발견되면서 청동기 사용 시점이 이전보다 500년 가까이 빠른 것으로 밝혀졌다. 그렇다고 해도 비파형 동검과 같은 본격적인 청동기를 사용한 시점은 약 3,000년 전으로 다른 문명에 비해 많이 늦다.

청동기를 도입한 시기는 문명마다 모두 다르지만, 청동기와 함께 모든 문명이 새로운 사회로 발돋움했다는 것은 특징적인 공통점이다. 청동기시대에는 국가가 발생하고 문명이 발생했으며 고인돌이라고 하는 무덤, 즉 매장 문화가 생겨났다. 벼농사를 시작했으며 마을을 만들었고 사람들은 협력하며 점차 사회의 규모를 키워나갔다.

고조선도 마찬가지였다. 청동은 고조선을 상징하는 가장 중요하고 핵심적인 신소재였다. 귀족, 제사장, 전사 등 그 시대의 지배계급은 자신을 상징하는 유물을 모두 청동으로 만들었다.

남한에서 청동기가 발견된 사례는 많지 않지만, 어느 한 지역에서 청동기 유물이 나왔다는 것은 당시에 그 물건을 만들 수 있는 신기술과 환경이 갖추어져 있었음을 뜻한다. 실제로 발견된 유물이 몇 점에 불과하더라도 발굴되었다는 것만으로도 과거에는 이미 널리 청동기가 제작되고, 수많은 사람이 이를 사용했다는 방증이다. 어느 시대든 새로운 기술이 등장하면 유행처럼 퍼지기 시작한다. 고조선 시기에 청동기는 고대의 '하이 테크놀로지'였던 셈이다.

그렇다면 청동기는 어떤 방식으로 제작되었을까? 청동은 구리와 주석을 적절한 비율로 혼합해 주조한다. 구리는 전 세계적으로 흔한 재료로, 자원이 부족한 한반도에서도 구리광산이 다수 발견되었다. 반면 주석은 그렇지 않다. 지금도 고대에 주석을 어디에서 발견했는지 출처를 알아내기가 어려울 정도로 희귀한 광물로 손꼽힌다. 한반도에서 사용된 주석은 중국이나 몽골 등 다른 나라에서 구했을 것으로 추측만 할 뿐이다.

순수한 구리의 녹는점은 섭씨 1085도로 상당히 높으므로 일상에서 자연적으로 녹는 일은 일어나지 않는다. 반면 주석은 녹는점이 232도로 낮으므로 가공이 용이하다. 구리와 주석을 섞으면 반짝반짝 빛나는 옅은 초록색이 되면서 훨씬 아름다워지고, 녹는점도 낮아져 원하는 모양대로 장신구나 무기를 만들기가 쉬워진다.

하지만 그렇다고 해서 청동기를 만드는 과정이 간단했던 것은 아니다. 품질이 높은 청동기를 만들 때는 정교하고 까다로운 기술이 필요하다. 먼저 광산에서 구리가 함유된 천연 광석을 캐고, 여기에서 순수한 금속만 추출하는 정련 작업을 거친다. 이후 원하는 모양에 맞게 미리 제작한 거푸집에 녹인 쇠붙이를 부어 기구를 만드는데, 이 작업을 주조라고 한다. 틀에서 모양이 유지된 채 쇳물이 굳으면 거푸집을 제거해 비로소 청동기를 완성한다.

청동기는 철기에 비해 아름다웠지만 그다지 단단한 제품은 아니었다. 사용하다가 망가지는 일도 흔히 일어났다. 따라서 청동기 제조 기술자들은 기물이 망가지면 보수하는 일도 함께 해야 했다. 이 모든 일련의 과정은 한 사람의 능력만으로는 감당할 수 없었으므로 정교한 기술을 가진 전문가 집단이 필요했다.

청동기의 주성분도 한번 살펴보자. 청동기는 대체로 동과 주석으로 이루어져 있지만, 정밀 성분 분석을 해보면 그 외에도 납이나 아연이 포함된 사례도 있다. 한국에서 발견된 유물 가운데 동검은 평균적으로 동이 대략 80퍼센트이고 주석은 15퍼센트정도이다. 반면에 제례 의식에서 사용하던 거울이나 방울과 같은 의기류에는 동이 60퍼센트이고 주석이 25퍼센트를 정도의 비율로 섞여 있다. 아연은 미량에서 많게는 24퍼센트까지 함유되어 있기도 하다. 물론, 이 비율은 일정하지 않고 측정할 때마다 다르다.

과거에는 한국에서 발굴된 청동기에 아연이 많이 함유되어 있어 중국과 시베리아 계통의 유물이라는 견해도 있었다. 하지만 이는 제대로 연구가 이루어지지 않았을 때의 의견인데, 아연을 자연에서 추출해서 사용한 지는 불과 몇백 년밖에 되지 않기 때문이다. 아연은 1746년에 마르그라프Marggraf라고 하는 독일의 화학자에 의해 천연광물에서 최초로 분리되었고, 이후 전 세계로 퍼져나갔다. 천연 광물에는 여러 가지 성분이 섞여 있기 마련이므로 아연이 자연스레 청동기에 포함될 수는 있다. 하지만 고대의 장인들이 일부러 아연을 섞었다고 생각하거나 그 이유로 청동기 생산의 계통을 파악하는 것은 잘못된 견해다.

건국의 비밀 병기로 쓰인 청동기

이처럼 고고학의 관점에서 청동기는 고도로 발달한 사회와 기술을 의미한다. 예를 들어, 수천 년 뒤에 미래의 고고학자가 우연히 핸드폰의 깨진 액정 조각을 발견했다고 가정해보자. 그 물건은 사소한 유리 조각이라고 치부할 수 없을 만큼 중요한 가치를 가진다. 스마트폰의 부속은 반도체 기술, LED 기술, 와이파이망, 애플리케이션의 발달, 스마트폰 기반의 문화 등 21세기의 사회상과 첨단기술을 나타내는 핵심 자료이기 때문이다.

청동기도 마찬가지다. 청동기 제작은 채굴에서 보수까지 일련의 작업을 살펴보면 적지 않은 비용과 인력이 투입되어야 하는 복잡한 일이다. 따라서 인적·물적 자원을 댈 수 있는 상류층이 이 모든 일을 지휘했을 것이다. 이것이 바로 청동기시대에 지배 구조가 생기고, 계급이 발생하는 데 결정적으로 작용했다. 국가가 탄생할 때는 필연적으로 계급이 따라오기 마련이다. 청동기는 시대를 대표하는 물건이라는 점에서도 중요하지만, 이를 소비하는 사람들, 즉 지배계급이 권력을 공고히 하는 데 사용했다는 점에서 더 중요했다. 이로써 청동기는 고대인들이 어떻게 힘을 모아 국가를 만들게 되었느냐에 대한 해답이 담긴 비밀의 기물이라는 것이 밝혀졌기 때문이다.

그렇다면 고조선에 청동기가 들어오게 된 배경은 무엇이었을까? 고조선이 있었던 요령에서 서북한 지역은 광산이 많아 원석을 구하기가 어렵지 않았다. 그중에서도 내몽골 자치구의 츠펑시를 중심으로 하는 내몽골 동남부 지역은 청동 광석이 제일 풍부했다. 린시현에는 한 광산회사가 채굴하는 지역 근처에 3,000년 전에 사용했던 광산이 여전히 남아 있다. 이곳에는 구리 원석을 캐기 위해 땅을 판 흔적뿐 아니라 채광하면서 밥을 해 먹은 흔적과 동물 뼈, 그릇, 돌 캐는 도구들이 다수 발견되어 활발한 채광이 이루어졌음을 짐작하게 한다.

내몽골 동남부 지역은 단순히 청동 광석이 풍부하기 때문에 중요한 것이 아니다. 이곳은 자원이 풍부한 몽골 초원으로 이어지는 경계에 위치해 있어 당시 가장 발달된 청동기 기술을 보유한 초원의 유목민들이 내몽골 지역으로 유입되기에 유리한 조건이었다. 여기에 구리광산마저 갖추고 있으니 당연히 3,000년 전 동아시아에서 가장 일찍, 그리고 활발하게 청동 제련 기술이 발달할 수 있었다. 이 지역에 당시에 존재했던 문화를 '샤자뎬 상층문화'라고 부르는데, 이는 고조선에서 청동기를 만드는 기술의 기원으로 아주 유력하다.

청동기시대에 원석에서 순수한 구리를 추출하는 과정은

고급 기술이었다. 마치 요즘 반도체 기술이 해외로 유출되지 못하도록 법으로 막는 것처럼 당시에 청동기 제작 기술은 아주 소수의 전문가만이 지배자들의 보호를 받으며 폐쇄적으로 공유하는 정보였다. 청동기를 가진 사람은 지배 권력을 쥐었으므로 청동기 제작 기술은 고조선뿐 아니라 전 세계 어디에서든 공통적으로 열망하는 신기술이었다.

청동기를 만들 때 필수적인 도구는 거푸집이었다. '용범'이라고도 불리는 거푸집은 지역마다 만드는 재료가 달랐다.

청동기를 만들 때 사용했던 거푸집

중국에서는 진흙을, 일본에서는 모래가 퇴적된 암석인 사암을, 한국에서는 활석제를 활용해 거푸집을 만들었다. 활석은 자연산 광물 중에서 경도가 가장 낮아 비누처럼 칼로 쉽게 긁히는 돌이다. 활석제는 중국에서도 비파형 동검이 분포한 지역에서만 출토되었다. 한반도에서는 진흙으로 만든 토범도 사용되었을 것으로 추정하지만 아직 발견된 사례는 없다.

청동기 전문가라면 이러한 과정을 숙련된 기술로 매끄럽게 진행하는 것은 물론 미적인 감각도 갖추고 있어야 했다. 청동기는 누가 봐도 마음을 끌 만큼 아름다워야 완성도가 높다고 여겨졌다. 당시에도 지금과 같은 유행이 있었으므로 유물로 발굴되는 청동기의 섬세한 면모는 처음부터 고조선에서 창작되었다기보다는 기술자들에 의해 유라시아를 거쳐 고조선으로 들어왔을 것이다.

다음 사진은 비파형 동검을 만드는 거푸집이다. 이 거푸집은 반을 쪼갠 형태의 한 쌍으로, 두 개를 합쳐 모양을 완성하고 그 안에 청동을 녹인 물을 부어 청동기를 만들었다. 이후에도 세밀한 공정 과정을 거치면 비로소 청동기가 탄생한다.

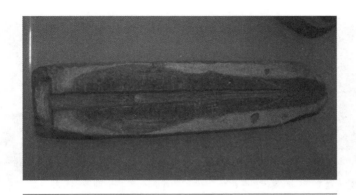

비파형 동검용 거푸집

거푸집에 청동물을 부을 때 두 판이 조금이라도 틀어지면 주물이 정확하게 주입되지 않아 불량품이 나오게 된다. 그래서 뒷장의 세 번째 사진과 같이 금을 그어 가운데를 정확하게 맞췄다. 3,000년 전에도 단 1밀리미터의 오차만큼도 틀어지지 않도록 정교한 기술을 발휘한 것이다.

또한 청동기를 사용하면서 흠이 생기면 네 번째 사진처럼 보수 작업을 했다. 손잡이 부분에 튀어나온 곳은 깨지거나 틀어진 청동기를 땜질한 흔적이다. 예나 지금이나 귀한 물건이라면 당연히 A/S는 필수고, 물건에 문제가 생기면 지속해서 관리해줌으로써 내구성을 높인다. 청동기는 만드는

비파형 동검과 함께 발견된 청동기 유물

것뿐 아니라 이후에도 꾸준히 장인들의 손길을 거치면서 소유자의 품위와 지위에 손상이 가지 않도록 품질을 유지했다.

지금 바라보면 낡고 녹슨 청동기 하나에도 정말 많은 기술과 사회적인 비용이 들어간다는 사실이 놀랍지 않은가? 다시 한번 강조하자면, 청동기는 고대 사람들이 어떻게 힘을 모아 국가를 만들게 되었느냐에 대한 해답이 담긴 비밀의 기물인 셈이다.

2. 청동기의 세 가지 의미

기술력으로서의 청동기

지금까지 살펴본 바와 같이 청동기는 단순히 기능적인 의미만 담고 있지 않다. 청동기에 포함된 의미를 세부적으로 살펴보면 크게 세 가지로 나눌 수 있는데, 첫 번째는 기술력으로의 상징, 두 번째는 무기로의 능력, 세 번째는 제사 용품으로의 의미다.

고조선이 역사를 스스로 기술한 자료는 없다. 현재 고조선에 관한 기록은 중국에서 발견된 몇 가지 사료에 단편적으로 남아 있을 뿐이다. 이것만으로는 당시의 사회상을 모호하게 뭉뚱그려 추측할 수밖에 없다. 이런 상황에서 청동기는 당시의 사회상을 구체적으로 파악하도록 돕는 중요한 역사적 상징물이다.

그러면 청동기의 세 가지 의미를 상세히 살펴보자. 먼저 기술력이다. 앞에서 언급된 바와 같이 청동기는 고급 기술을 습득한 장인만이 주조할 수 있었다. 이러한 청동기 기술은 청동기가 가장 발달했던 고대 유라시아와 초원 지역에서 시작돼 시베리아 대륙을 거쳐 만주 쪽으로 이동해 한반도로 유입되었다고 보고 있다. 그렇다면 어떻게 이렇게 먼 지역을 돌아서 들어올 수 있었을까?

현대로 시계를 돌려 고도의 휴대폰 개발 기술을 보유한 개발자가 있다고 가정해보자. 이러한 인재가 경쟁 기업에 소속되어 있다면 큰돈을 주더라도 기꺼이 스카우트를 제안할 것이다. 만약 그 개발자가 기술 이상의 시스템 운용 능력까지 갖추고 있다면 그것까지 포함해 어마어마한 거액을 제시하고 데려올 수도 있다.

청동기도 마찬가지였다. 거푸집과 뛰어난 기술을 보유한 기술자에게 좋은 조건을 제시해 스카우트하면서 청동기 기술은 점점 널리 퍼지게 되었다. 다음 그림을 보자. 서부 시베리아 소프카-2 64호 고분은 기원전 18~20세기경 묻힌 것으로 추정되는 청동기 장인의 무덤이다. 이 고분에서는 수많은 청동기와 함께 청동기를 만드는 기구들이 함께 출토되었다. 무덤은 망자가 살아 있을 때의 모습을 대변하므로, 이 무덤의 주인은 생전에 청동기를 만든 기술자였을 것으로 추측할 수 있다.

그런데 왜 이 무덤에 망자가 생전에 쓰던 거푸집을 함께 넣었을까? 껴묻거리로 도구를 넣은 이유는 이 사람의 기술력이 신분을 대표한다고 생각했기 때문이다. 따라서 그는 자신의 기술을 비밀로 묻고 죽을 때도 같이 가져간 것이다.

청동기가 상류층의 상징으로 대두되고 계급이 높을수록 많은 청동기를 보유하게 되자, 청동기를 다루는 기술자들의 신분 역사 나날이 상승했다. 이들을 사방에서 스카우트하는 과정에서 기술은 점점 동쪽으로 이동하게 되었다.

뒷장의 그림은 왼쪽부터 북경 근처의 중국 허베이, 네이멍구, 다시 허베이에서 발견된 청동기 유물들이다. 출토된 유물을 살펴보면 공통적으로 거푸집이 다수를 차지한다. 이로써 이 무덤의 주인 역시 살아 있을 때 청동기를 만들던

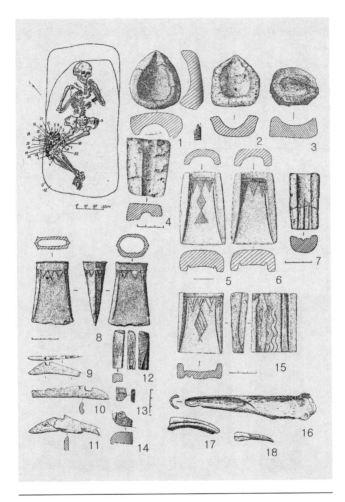

시베리아의 한 무덤에서 발견된 청동기와 청동기를 만드는 도구들

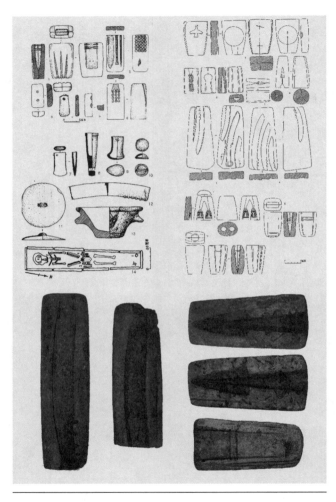

북경 근처와 만주에 위치한 청동기 기술자의 무덤에서 출토된 유물들

지위가 높은 사람이라는 것을 알 수 있다.

그렇다면 이 기술이 그대로 고조선의 비파형 동검까지 이어졌을까? 유라시아의 청동기 기술이 고조선으로 전래되었다는 증거는 상당히 오랫동안 나타나지 않았다. 그러다가 약 10년 전, 중국 랴오닝성의 한 도시인 랴오양의 유적지에서 청동기 기술자가 고조선 지역으로 넘어온 흔적이 발견되었다. 이곳에서 발견된 유물에는 지금까지 밝혀진 가장 확실한 고조선 귀족의 얼굴이 남아 있었다. 랴오양은 중국 심양의 아래쪽에 위치한 곳으로, 타완춘이라는 동네에서 농부가 밭을 갈다가 우연히 옛날 무덤을 발견하게 되었다. 그중에는 약 2,500년 전의 비파형 동검과 거푸집도 있었다. 이곳에서 발견된 거푸집에는 반전이 하나 숨어 있었는데, 뒷면에 고조선인으로 추정되는 얼굴이 양각으로 새겨진 것이었다.

다음 사진에서 조각을 조금 더 자세히 살펴보자. 이 사람은 상투를 틀고, 광대가 도드라진 투박한 얼굴을 하고 있다. 섬세하진 않지만 마치 만화에서 개구쟁이를 표현한 듯 귀엽고 친숙하다. 이는 2,500년 전 살았던 고조선인의 얼굴로, 전형적인 북방 유라시아의 몽골인종들이 공유하는 특징이

중국 랴오양 근처 유적지 위치와 이곳에서 발견된 사람 얼굴이 새겨진 거푸집

잘 나타난다.

이 사람의 이름이나 신분은 정확히 알 수 없지만 유물을 꼼꼼히 살펴보면 추측할 만한 몇 가지 단서가 발견된다. 원래 거푸집은 청동기의 형태를 잡아줄 수 있게 무른 돌인 활석을 사용해 음각(글자나 그림을 안쪽으로 들어가게 새기는 것)으로 무늬를 새긴다. 그런데 이 얼굴은 음각이 아니라 양각(글자나 그림이 바깥쪽으로 튀어나오게 새기는 것)으로 새겨져 있다. 즉, 청동기 제작에는 영향을 주지 않는 순수한 장식으로 만든 것이다.

돌을 양각으로 새기는 일은 쉽지 않다. 조각하는 부분을 제외하고 주변부를 모두 깎아낼 때는 어렵고 복잡한 공정이 필요하다. 즉, 물건에 엠블럼을 넣는 것과 같은 단순한 장식이라고 하기에는 꽤 긴 시간과 정성을 쏟아야 한다. 심지어 이 조각은 청동기를 제작하는 것과는 전혀 상관이 없으며, 무덤에 부장품으로 넣은 만큼 소중한 물건이다. 거푸집에 새겨진 고조선의 얼굴에 무언가 깊은 뜻이 있다는 사실만은 분명해 보인다.

추측하기로 이 얼굴은 청동기 장인들이 신봉하는 신이나 숭배하는 조상의 얼굴일 가능성이 크다. 청동기는 고대의 하이-테크놀로지였다. 거푸집에 조각을 새김으로써 소수가 공유한 비밀스러운 기술에 성스러움을 더하고, 앞으로의 발전을 기원하는 믿음을 표현한 것이다. 이와 비슷하게 고구려의 고분 벽화에도 바퀴를 만드는 제륜신이 표현되어 있는데, 고대의 기술자들은 신으로부터 부여받은 고도의 기술을 지켜가기 위해 자신들의 신을 숭배하는 제례를 지내며 자부심을 지켜왔다.

흥미로운 점은 이 거푸집에는 얼굴이 하나가 아니라 두 개가 표현되어 있는 것이다. 서로 거의 비슷하지만 자세히 보면 밑에 있는 얼굴선이 더 갸름하고 곡선적이다. 그래서 이 두 가지 얼굴을 부부로 추측하기도 한다.

그 이유를 추적할 만한 단서는 그와 비슷한 시기인 기원전 6~5세기경에 있었던 오나라와 월나라의 이야기에서 찾아볼 수 있다. 사자성어 '오월동주吳越同舟'와 '와신상담臥薪嘗膽'으로 유명한 이 지역은 청동기 장인들이 많아 명검을 생산하는 것으로 유명했다. 『월절서越絶書』, 『오월춘추吳越春秋』 같은 역사서에는 장인들의 이야기가 많이 등장한다. 그들은 자신의 목에 칼이 들어와도 함부로 검을 만들지 않았으며 장인으로서의 자존심을 지켰다.

유명한 장인 중에는 간장과 막야라는 부부도 있었다. 전설에 따르면 이들은 자신의 몸을 끓는 청동 물에 던져 천하의 명검인 음양검을 만들었다고 한다. 마치 에밀레종 같은 설화다. 여기에 후대에 계속 지어낸 이야기가 더해졌는데, 이런 기록으로 비추어볼 때 청동 기술이 부부라는 음양의 조화로 표현되었음은 분명하다. 실제로 고조선과 이웃한 샤자뎬 상층문화에서는 손잡이 양쪽에 남녀가 표현된 음양검이 발견되기도 했다.

다음 사진은 샤자뎬 상층문화의 대표적인 귀족 무덤이 있는 난산건이라는 유적에서 발견된 남자와 여자의 모습이 새겨진 칼이다. 이 칼날은 고조선의 것과 같은 비파형이지만 손잡이는 초원 지역과 고조선의 중간적인 형태를 띠고 있다. 형태만큼이나 독특한 점은 손잡이에 새겨진 사람이다. 앞뒤 면에 각각 남자와 여자의 특징을 뚜렷하게 나타낸 인물이 표현되었다. 이 장식은 남녀 청동 장인의 모습을 연상시킨다. 실제 전쟁에서 사용하기에는 활용도가 떨어지므로 의식에서 사용되었을 가능성이 크다.

그렇다면 거푸집에 새긴 고조선인의 얼굴은 바로 당시 사회 고위층이었던 청동 장인들이 숭앙하는 청동 장인의 신

샤자뎬 상층문화의 대표 유적지 난산건에서 발견된 음양검

이나 조상을 묘사하고, 제사를 지내듯 무덤에 넣어준 것은 아닐까.

또 다른 청동기 장인들의 증거는 랴오둥반도 끝에 위치한 다롄시 근처의 강상이라는 무덤에서 발견되었다. 이곳은 144명의 뼈가 발견된 집단 무덤으로, 약 2,700년 전에 만들어졌다. 낮은 언덕에 동서남북 각각 20미터 길이로 돌을 쌓고, 그 안에 사람들을 묻은 형태다. 1960년대에 북한과 중국이 공동으로 발굴한 이 무덤은 아마도 당시 이 지역에 살던 고조선인들이 한데 모여 만든 것으로 추측한다.

그 안에서 발굴된 유물들에서는 매우 흥미로운 연구 결과가 도출되었다. 이 무덤은 여러 구역으로 나뉘어 있는데, 구역마다 출토되는 유물들이 서로 달랐던 것이다. 각각 다른 직업군의 사람들이 분리된 무덤 구역을 쓰고 관리했다는 방증이었다. 한국에서도 종가의 선산이 있는 경우 종종 분파와 가족별로 묏자리를 따로 잡아놓는 일이 있다. 그런 전통이 청동기시대부터 오랫동안 이어져온 것이다.

강상무덤의 동쪽 구역에서는 청동기 거푸집과 같은 청동 제련과 관련된 유물이 단독으로 출토되었다. 이는 당시 고조선 사회에서 청동기를 만들던 사람들이 자신들만의 독자

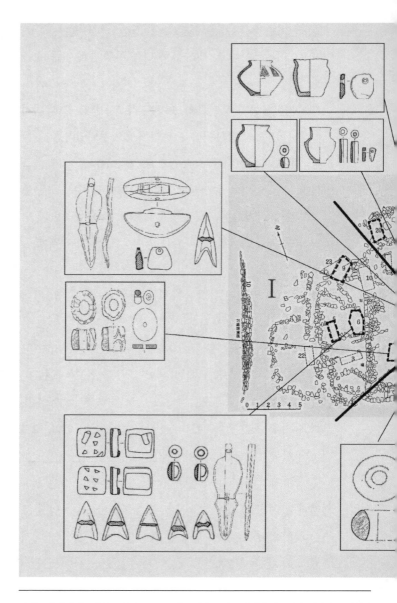

강상무덤의 평면도와 출토된 유물들. III번 구역의 무덤 무덤에서 거푸집이 대량 출토되었다.

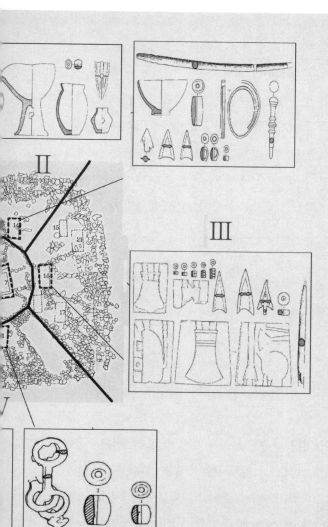

II

III

적인 지위를 지키며 살았음을 보여주는 좋은 증거다.

이처럼 청동 광석이 발견된 내몽골 지역을 거쳐 고조선으로 들어온 청동기 기술자들은 자신들만의 독자적인 지위를 보장받았다. 자신들만의 노하우를 비밀로 유지하면서 몸값을 극대화한 것이다. 요즘 말로 테크노크라트(technocrat, 높은 사회적 지식이나 기술을 보유함으로써 지배층을 형성해 조직에 큰 영향력을 행사하는 사람)의 시작이었다. 그들은 고조선 곳곳에서 자신의 지위를 지키며 살아갔다.

무기로서의 청동기

청동기는 고조선 당시 강한 군사력을 상징하는 위엄 있는 무기이기도 했다. 뒷장의 그림과 사진을 보자. 왼쪽은 전사의 무덤에서 나온 부장품, 오른쪽은 전차를 탔던 전사를 복원한 모습이다. 보통 전차라고 하면 영화 〈벤허〉나 〈글래디에이터〉에 묘사된 스펙터클한 장면을 떠올린다. 나이가 50대 이상이라면 〈벤허〉에 등장한 원형경기장이 가장 먼저 생각날 것이다. 세 시간 30분의 러닝타임에서 전차신은 불과 20분에 불과하지만, 관객에게 이 장면은 수십 년이 지나도 지워지지 않는다. 그만큼 불을 뿜는 듯한 전차의 모습은 사람들에게 강렬하게 남아 있다. 하물며 3,000년 전 사람들에게 전차가 얼마나 강력한 존재였는지는 쉽게 상상이 갈 것이다.

전차는 4,000년 전 우랄산맥 근처에서 처음 사용되었다. 초원에서 살던 유목민들은 날렵한 바큇살을 설계해 수레를 만들고, 이를 말에 묶어 기동력이 좋은 무기인 전차를 개발했다. 이 가공할 무기는 세계 4대 문명을 비롯해 유라시아 곳곳으로 널리 퍼졌다. 동아시아도 예외는 아니었다. 내몽골 동남부 일대 치펑 근처의 샤자뎬 상층문화에도 전차의 흔적과 온몸에 철갑을 두르고 칼과 창을 든 전차병 같은 사람의 모습이 발견되었다.

샤자뎬 상층문화의 대표적인 무덤인 샤오헤이스고우라는 유적에서는 여러 전사의 무덤이 발굴되었다. 그중 한곳에는 청동으로 된 투구와 팔 보호대, 칼이 나란히 묻혀 있었다. 이 무덤의 주인은 아마도 아주 강력한 무사였던 것으로 추측된다. 또 다른 무덤에서는 무기 없이 말을 부리는 도구들만 따로 발견되었다. 이로 미루어 당시 칼을 쓰는 무사와

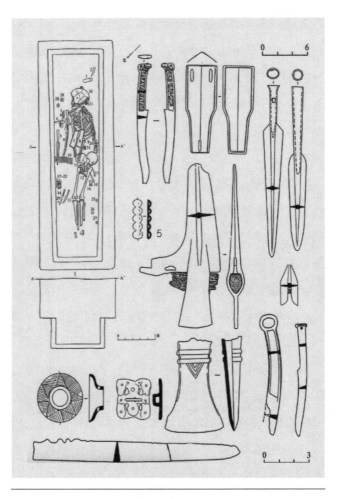

전사의 무덤에서 나온 부장품과 전사를 재현한 모형

전차를 모는 사람은 따로 있었던 것으로 보인다.

전차가 강력한 기동성과 공격력을 갖추고 있었던 만큼 많은 전사가 전장에서 이를 이용했을 것이라고 생각할 수 있지만, 실제로 전차를 전장에서 사용하기에는 한계가 있었다. 전차의 움직임이 워낙 빠르다 보니 보니 금세 망가져 자주 수리해야 했고, 평원이 아니라면 사실상 전쟁터에서 아무 쓸모도 없었다. 만주와 한반도 일대에는 산이 많으므로 전차가 망가지기 쉬웠다. 적들이 산에서 전쟁을 일으키면 그 쓸모는 더 적어졌다. 따라서 고조선에서 전차는 주로 지배자나 군대의 위용을 과시하는 용도로 사용되었다. 무덤의 주인이 전쟁에서 실제로 전차를 탔을지는 미지수지만, 적어도 무덤에 묻힌 모습으로만 봤을 때는 상당히 높은 지위였을 것으로 추측된다.

이 무덤의 주인이 전사였다는 것을 증명하는 사실이 한 가지 더 있다. 시신이 다른 무덤에서처럼 똑바로 누워 있지 않고 옆으로 비스듬히 누워 무릎을 굽히고 있다는 점이다. 그는 왜 이렇게 불편한 자세로 묻힌 걸까? 그 이유는 무덤이 좁기 때문이 아니라 무덤의 주인이 저승으로 갈 때 생전 모습 그대로 갈 수 있도록 자세를 잡아주었기 때문이다. 전사나 무사였던 사람은 살아 있을 때 말 또는 전차를 타고 있는 상태가 대부분이었을 것이다. 이로 미루어 무덤의 주인은 강력한 전사라고 추측해볼 수 있다. 비파형 동검, 청동기의 소유도 위엄과 권력을 표현하는 하나의 상징물이었다.

다만 아직 청동기가 전쟁에서 무기로 사용되었는지를 밝히는 증거는 많지 않다. 그 사실이 증명되려면 청동기와 함께 묻힌 뼈에서 골절과 같은 전투의 흔적이 발견되거나 전쟁터와 같은 유적이 발굴되어야 하는데, 그럴 가능성이 극히 희박하기 때문이다. 벌판에서 벌어진 전쟁은 수천 년이 지나면 흔적이 거의 사라져 밝혀내기가 어렵다. 하지만 여러 역사적 기록과 선사시대에서 지금까지 이르는 고고학 자료를 연구해보면 인류의 역사가 전쟁과 함께했음이 일관되게 보인다. 고조선도 나라가 발달하면서 연나라와 전쟁하고, 마지막에는 한나라와 오랫동안 전쟁한 끝에 내분이 겹치면서 멸망했다. 앞으로 발굴이 더 활발하게 진행되면서 지금보다 더 구체적인 증거가 나오지 않을까 기대해본다.

제사 물품으로서의 청동기

청동기의 가장 중요한 용도는 바로 제사였다. 이는 고대에 무기보다 더 강력한 기능이었다. 고려시대의 제사라고 하면 대부분 가장 먼저 청동 거울을 떠올릴 것이다. 그중에서도 혹 다뉴세문경이라는 유물을 본 적이 있는가? 아름답고 세밀한 잔무늬가 특징인 이 거울은 세형동검과 함께 약 2,300년 전부터 남한 전역에서 만들기 시작했다. 가장 유명한 청동 거울은 전남 영암에서 출토된 정문경으로 국보 141호로 지정될 정도로 보관 상태가 뛰어나 당시의 기술을 잘

청주 오송에서 출토된 다뉴세문경 표면 확대

보여준다. 최근에는 청주 오송역 근처에서도 청동 거울이 발견되었다. 청동 거울은 가히 한국이 세계적으로 자랑할 수 있는 대표적인 청동기다.

이 거울의 생김새를 자세히 살펴보자. 가운데 부분을 확대해보면 무늬 사이사이의 간격이 0.1밀리미터 이하로 상당히 촘촘하다. 바깥쪽에는 원 문양이 보이는데, 가장 안쪽의 원을 시작으로 20개 이상의 원이 점점 커지면서 감싸고 있는 형태다. 안쪽에는 손톱만 한 크기에 작은 사각형을 빽빽하게 채워 넣었다.

이 작업에는 아마도 요즘처럼 컴퍼스를 이용했을 것으로 추측하는데, 일일이 새기지 않고 거푸집에 먼저 형태를 새긴 다음 여기에 청동 물을 부어서 틀을 잡았을 것이다. 이때는 철기를 사용하기 전이므로 거푸집에 모양을 새긴 컴퍼스가 어떤 식으로 만들어졌는지는 아직도 밝혀지지 않았다. 다만 원 한가운데 점이 파인 것으로 보아 컴퍼스를 사용했다고 추측할 뿐이다. 학자들이 청동 거울을 만드는 과정을 복원해보려고 해도 조금의 오차도 없이 거푸집에 무늬를 새기는 것부터 난관에 부딪혔다. 만약 한국에서 고대사와 관련된 프로그램이 제작된다면, 이 청동 거울의 무늬를 만드는 일이 가장 좋은 아이템이지 않을까 싶다.

청동기에 이런 미세한 무늬를 넣는 작업은 내몽골 지역에서부터 시작해 고조선까지 공통적으로 퍼져나갔다. 그중 다음 사진에서처럼 번개무늬를 넣는 것은 중국 내몽골과 랴오닝의 서쪽(랴오시) 지역의 특징으로, 랴오둥의 선양을 거쳐 고조선으로 들어왔다.

그렇다면 이 청동 거울의 뒷면에 새긴 Z자 모양의 지그재그 무늬는 무엇을 의미할까? 문헌에는 남아 있지 않지만, 여러 증거를 종합해보면 이는 햇빛을 상징한 것으로 보인다. 시베리아 일대에서 최근까지도 활동했던 샤먼들은 제의를 거행할 때 이런 거울을 목에 걸었다.

뒷장의 사진을 살펴보자. 이것은 중국 네이멍 자치구 북동쪽 지역인 후룬베이얼에 있는 박물관에 전시된 샤먼, 즉 제사장의 의복이다. 이 옷에는 다양한 장신구가 걸려 있는데, 그중에는 청동으로 만든 방울과 거울도 있다. 이 거울은 제의를 지낼 때, 빛을 반사시킴으로써 대중들에게 마치 태양이 빛나는 것과 같은 효과를 보여주어 황홀한 느낌을 자아내며 샤먼에게 하늘의 대리자라는 상징성을 부여했다.

번개무늬는 신석기시대부터 유럽 일대의 토기에도 가끔

만주 일대에서 발견된 고조선의 거울

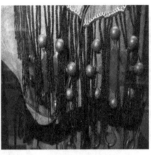

중국 만주 후룬 베이얼 지역에서 100여 년 전 샤먼이 썼던 의복

발견될 정도로 고대부터 사람들이 널리 애용하는 모티프다. 특히 약 4,000년 전, 전차의 발달과 함께 유라시아 각 지역으로 이주한 '안드로노보 문화'에 속한 사람들은 전차와 함께 토기에도 이런 번개무늬를 자주 사용했다. 그들 중 일부는 인도 지역으로 유입되었고, 그곳에 정착해 남긴 리그베다는 지금까지도 인도에서 가장 오래된 경전으로 전해지고 있다.

리그베다의 내용은 대체로 번개의 신인 인드라와 불의 신 아그니에 대한 것인데, 그 안에는 번개와 태양, 그리고 불처럼 빠르게 달리는 전차들이 자주 등장한다. 많은 유라시아 고고학자는 리그베다에 나오는 묘사가 전차를 몰던 사람들이 남긴 번개무늬에 영향을 받았다고 파악한다.

물론 시베리아의 샤먼과 안드로노보 문화를 고조선과 직접 관련이 있다고 말할 수는 없다. 하지만 청동기와 전차라는 기술이 유라시아 초원지대에서 생겨난 것을 고려하면 번개무늬 역시 시베리아와 중국을 거쳐 고조선으로 전파되었을 가능성이 크다.

청동 거울에는 또 한 가지 놓쳐서는 안 될 사실이 있다. 우리가 흔히 책에서 보는 청동 거울의 무늬가 있는 부분은 거울의 뒷면이라는 점이다. 거울의 앞면은 현대의 거울과 마찬가지로 반질반질한 반사면이다. 현대의 거울은 수작업으로 만든 명품이 아닌 이상 거울의 뒷면에 화려하고 정교한 무늬를 새기는 경우가 흔하지 않다. 고대의 장인들은 지금의 기술로도 복원하기 어려운 머리카락보다 가는 빽빽한 무늬를 거울의 뒷면에 새겼다. 과거에 장인 정신으로 미스터리한 무늬를 새겨 넣은 데에는 거울이라는 물건에 무언가를 비추는 것 이상의 의미가 있음을 알려준다.

가치가 뛰어난 명품 자동차나 옷을 생각해보자. 궁극의 아름다움을 만들어내기 위해서는 아무나 쉽게 흉내 낼 수 없는 미적 감각과 특수한 제작기법이 뒷받침되어야 한다.

고대의 거울도 마찬가지였다. 이 거울을 소유하는 사람은 당시 정치적인 지배자이자 종교의 우두머리인 샤먼이었다. 최고의 기술로 만든 명품을 가짐으로써 다른 사람과 차별화되는 것은 필수적이었다. 그래서 뒷면에는 사람들에게 보이지 않더라도 높은 기술력을 활용해 화려한 무늬를 새겨 넣어 신에게 부여받은 힘을 나타냈다. 마치 현대의 명품이 평범한 사람들의 눈으로는 잘 구분되지 않는 섬세한 기술을 활용하는 것처럼 당시의 거울에도 장인 정신이 한 땀 한 땀 담겨 있는 셈이다. 그리고 그 기술은 누군가가 쉽게 모방할 수 없었다. 즉, 거울이라는 물건은 비슷하게 만들 수 있지만, 정교한 무늬를 새긴 신비한 물건은 그 기술을 가진 사람들만 소유하는 것이었다.

이렇듯 청동기에는 기술, 무기, 제사라는 세 가지 키워드가 숨어 있다. 기술은 단지 어떤 새로운 물건을 만드는 것만이 목적은 아니다. 그것을 사람들이 어떻게 사용하느냐에 따라 의미가 추가되고 발전되며 나아가 사회가 성장하게 되는 것이다. 지금도 마찬가지다. 세상을 바꾸는 신기술 하나가 한 나라를 먹여 살리기도 하고, 다른 나라와 갈등을 일으키는 요소가 되기도 한다. 청동기라는 기술은 거대한 문명을 여러 개나 이룰 만큼 혁명적인 발견이었다. 메소포타미아, 인도, 중국 등 각 나라에서 청동기가 사용된 시대에는 문명이 비약적으로 발전했다. '청동기시대'라는 이름이 세계사 책에 등장하는 것은 결코 우연이 아닌 셈이다.

그리고 청동기라는 새로운 기술은 고조선의 형성에도 결정적인 역할을 했다. 청동기시대에는 중국의 연나라가 점점 세력을 넓히면서 현재 중국의 랴오닝 지역에 있었던 고조선을 침략해 랴오둥과 한반도의 북한 지역으로 세력을 옮겼다. 그러면서 고조선의 발달된 청동기 문화는 자연스럽게 남쪽으로 내려오게 되었다. 고조선은 멸망으로 끝을 맺지 않고 한반도의 다양한 청동기 문화에 영향을 줌으로써 새로운 국가가 건설되는 원동력이 되어주었다.

그러나 비파형 동검 하나만으로 고조선의 사회상을 설명하기에는 부족하다. 당시의 생활을 자세히 살펴보기 위해서는 그들의 경제 활동, 즉 교역에 대해서도 들여다볼 필요가 있다. 한반도에는 자원이 많지 않았으므로 다른 나라와의 교류가 필수였다. 지금부터는 고조선이 어떤 방식으로 중개무역을 하며 부를 쌓았는지 살펴보려고 한다.

3. 고조선이 사랑한 무역품

세계 최초의 명품, 모피

유명한 사자성어 중에 '관포지교管鮑之交'라는 말이 있다. 서로를 잘 이해하는 깊은 우정을 뜻하는 이 말은 중국 춘추 시대의 사람인 관중과 포숙아의 관계에서 비롯되었다. 일반 인들에게 관중이라는 이름은 이렇게 고사성어로만 남아 있다. 하지만 고조선을 연구하는 사람들에게 이 이야기의 주 인공인 관중에 대한 책 『관자』는 사뭇 다르게 다가온다. 이 책에서 고조선에 대한 구체적인 표현이 최초로 등장하기 때문이다.

관자라는 인물은 약 2,700년쯤 전 중국의 춘추시대에 실제로 활동했던 사상가다. 이 책에는 현재의 산둥반도에 세워졌던 국가인 제나라의 왕 환공桓公이 관자에게 나라를 어떻게 운영해야 하는지 묻고 그가 답하는 내용이 담겨 있다. 책의 저자는 관중이 아니라 그의 사후 수백 년 뒤 관중의 사상을 따르던 사람들이다. 책이 쓰여진 시기와는 다르지만 책에는 관중이 활동하던 당시의 시대상이 잘 반영되어 있다.

그렇다면 어떻게 이 책에 조선에 관한 이야기가 나오게 된 것일까? 당시 제나라는 중국의 변방에 위치한 변두리 국가였다. 관자는 이곳을 다스리는 환공과 이런저런 대화를 나누었다. 제나라는 중원을 중심으로 보면 바깥이었지만, 산둥반도라는 거점에 위치해 바다를 끼고 여러 나라와 교역하기에 유리했다.

이런 환경에서 환공은 국가의 발전을 위해 관자와 대화를 나누게 된 것이다. 환공이 먼저 이렇게 물었다. "내가 듣자 하니 해내海內, 중국과 그 주변 지역에는 일곱 가지의 옥패(보물)가 있다고 하던데요." 그 말을 받아서 관자는 여러 지역의 보물을 열거하면서 "발조선은 문피(얼룩무늬 모피)가 유명합니다"
라고 한다. 이 구절만 보면 관자가 어딘가에서 전해 들은 이
야기가 아닌지 의심할 수도 있지만, 그는 이어서 구체적인
사례를 들어 부연한다. "발조선의 문피(얼룩무늬 모피)가 유
명하고 천금의 가치가 있으니 제값을 주고 사 오면 주변 국
가들이 우리에게 복종할 것입니다." 문피는 호랑이나 표범
처럼 생태계의 최상위를 차지하는 포악한 육식동물의 가죽
을 말한다.

당시에 중국은 춘추전국시대였다. 즉, 각 제후국이 서로
경쟁하며 자신의 위용을 과시했다. 호피는 지금도 고가지
만, 과거에는 황제들만 깔개로 사용하는 최고급 물건이었
다. 호피를 만들기 위해서는 호랑이와 표범을 잡아야 했는
데, 중국에는 그 동물들이 잡히는 곳이 거의 없었다. 인도의
뱅갈 호랑이, 알타이 지역의 표범, 백두산 호랑이 정도가 포
획할 수 있는 맹수류의 전부였지만, 춘추전국시대에 중국은
인도나 알타이 지역과는 거의 교류하지 않았다.

그러니 다른 제후국의 왕(엄밀하게는 공이나 후임)도 비싼
돈을 주고서라도 자신의 위엄을 나타내는 호피가 필요했을
것이다. 만약 제나라가 고조선과 결탁해 호피 무역선을 독

점한다면 무력을 쓰지 않아도 다른 나라들이 스스로 제나라의 눈치를 보며 복종할 것이라는 뜻이다. 고조선은 중간에서 두 지역을 연결하는 중개무역을 했을 것으로 추측한다. 『관자』에 나오는 그 한 줄이 바로 그 점을 증명하는 것이다.

고대 이래로 모피는 전 세계적으로 희귀성과 보온성, 독특한 무늬 덕분에 높은 가격을 자랑하는 명품으로 취급받았다. 따라서 모피를 탐한 나라는 제나라뿐만이 아니었다. 시베리아가 러시아 땅으로 편입된 이유도 모피 때문이었다. 1580년에 러시아는 처음으로 우랄산맥을 넘어 시베리아 땅을 밟았다. 당시 러시아 탐험대의 반은 불한당, 반은 떠돌이인 코사크cossack인으로 이루어져 있었다. 이들은 황량한 불모지에 열광하며 무엇인가에 홀린 듯 동쪽으로 이동해 70년도 안 되어 땅끝인 캄차카반도까지 이르렀다. 그들을 사로잡은 것은 바로 추운 눈밭을 날쌔게 다니는 고운 털의 스라소니, 담비, 타르바간, 비버 같은 모피 동물이었다. 그들이 잡아온 모피는 너무나도 귀해서 '검은 황금'이라 불릴 정도였다. 때마침 당시 유럽은 소빙기(16세기 말부터 1850년대까지 이어진 산악빙하의 증가기)로 겨울이 혹독하게 추웠으므로 귀족들은 앞다투어 따뜻하고 아름다운 모피를 구하는 데에

혈안이 되어 있었다. 시베리아가 러시아의 땅이 된 이유는 바로 모피에 유럽의 귀족과 사냥꾼들 때문이었다.

이처럼 모피는 대체로 추운 고산지대에서 생산되지만 이를 소비하는 사람들은 문명국가의 상류층이었기 때문에 원산지와 판매처의 거리는 상당히 떨어져 있었다. 따라서 동물을 사냥해서 모피로 가공하는 산업은 상당히 부가가치가 높았다.

우리나라 최초의 브랜드, 고조선의 모피

그렇다면 실제 고대인들이 입었던 모피코트는 어떤 모습이었을까? 러시아 알타이 산악지역의 영구동결대에서 아쉽게도 고조선의 모피는 실물이 남아있지 않다. 하지만 약 2,500년 전의 모피코트 실물이 발견되었다. 수천 년의 시간으로 비록 빛은 바랬지만 견고하고 포근한 느낌은 여전히 남아 있다. 고대인들은 두툼한 모피코트 하나로 제대로 된 난방도 없는 추운 시베리아의 겨울을 견뎌냈을 것이다.

하지만 고조선이 있었던 지역은 시베리아만큼 춥지도 않

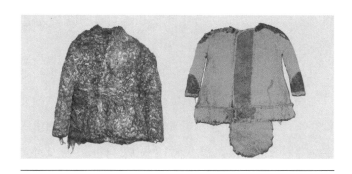

러시아 알타이 지역에서 발굴된 2,500년 전의 실제 모피

고 험한 산악지대도 아니었다. 모피를 생산하는 데 필요한 동물들은 대부분 먹이사슬의 최상위포식자이기 때문에 주변에 사람이 전혀 없는 곳에만 서식한다. 그런 험지에는 국가를 세우기가 거의 불가능하다. 따라서 고조선의 모피에 대해 정확히 파악하기 위해서는 모피의 흔적과 같은 직접적인 증거보다 유적에서 발굴되는 모피 동물의 뼈와 도구 등으로 간접 추론해볼 수 있다.

2011년, 내몽골 동남부에서 만주지역의 동물 뼈가 나온 유적을 모두 검토한 결과, 백두산 일대의 장백산맥과 압록강 중상류에서 모피를 가공했던 동물의 뼈가 다수 발견된 것으로 나타났다. 호랑이 뼈는 약재로 사용했기 때문에 거의 발견되지 않았고, 족제비, 오소리, 두더지, 비버와 같은 동물의 뼈는 다량 출토되었다.

모피로 가공되는 동물들은 산 채로 잡기가 쉽지 않은 데다 성질이 포악하고 덩치가 작기 때문에 고기로 선호하지 않았다. 따라서 사냥한 자리에서 곧바로 가죽을 벗겨내므로 거주지에서는 뼈를 발견하기 어렵다. 다만 가끔 모피를 가공하는 마을에서 양질의 모피를 얻기 위해 털갈이 하는 것을 기다리거나, 아니면 새끼를 데려와서 어느 정도 키운 다음 잡는 경우가 종종 있었는데, 그 흔적이 고대 거주지 유적에서 발견된 것이다.

또 다른 간접 증거는 모피 사냥꾼들에게 대금으로 지급하는 철기 유물이다. 현재 북한의 자강도와 양강도 일대에서 길을 넓히는 공사를 하던 중 중국 화폐인 명도전과 한 번도 사용한 적 없는 철제 농기구가 가득 담긴 항아리 수십 개가 발견된 적이 있다. 이 물건들은 모피와 같은 명품을 물물교환하기 준비해둔 것이었다.

항아리가 발견된 이유는 다음과 같았다. 모피 동물은 대부분 겨울에 사냥한다. 그때가 눈이 높게 쌓여 사냥하기도 쉽고 동물의 털도 곱기 때문이다. 이렇게 얻은 모피를 중국으로 옮기기 위해서는 험난한 여정을 거쳐야 했다. 고조선은 지리적으로 중국과 교역하기 위해 서쪽 해안을 활용하는 수밖에 없었다. 그중에서도 중국과 가장 가까운 곳은 산둥반도였는데, 모피를 생산하는 백두산에서 산둥반도까지는 거리가 너무 멀어서 한 번에 가기 어려웠다.

따라서 모피 사냥꾼들은 중간에 중개무역상을 끼고 물물교환하는 방식으로 생필품을 얻었다. 무역상은 물물교환을 하기 위해 온갖 물건들을 가지고 만주지역 근처까지 갔다. 그런데 무역이 끝나고 복귀할 때, 무겁게 가지고 간 철기가 남으면 다시 가져오기가 무척 힘들었다. 그래서 집 근처의 담벼락 근처에 묻어놓고 나오는 것이다. 명도전과 철기 농기구 유물은 일제 강점기부터 이 지역에 길을 낼 때 종종 발견되곤 했다. 이렇게 해서 백두산에 있었던 모피가 고조선으로 넘어왔다는 것이 고고학적으로 증명되었다.

그렇다면 실제 모피를 가공하던 사람들은 어떻게 살았을까? 최근 〈신과 함께〉나 〈킹덤 아신전〉과 같은 영화와 드라마에 북방에 살던 여진족의 모습이 종종 등장했다. 시대는 그보다 오래되었지만, 고조선 시기에 살았던 사람들 역시 생활상은 크게 다르지 않았을 것이다. (이 야생의 사람들은

3장 환동해에서 볼 수 있다.) 화려한 모피코트를 입는 것은 귀족이나 왕이었고, 그 동물을 사냥하고 살아가는 사람들의 모습은 그렇게 화려하지 않았다.

최근 랴오닝성 퉁화시 만발발자萬發撥子라는 유적에서 모피를 사냥하고 살던 사람들의 집단 무덤이 발견되었다. 이 유적이 만들어진 시기는 고조선이 멸망하기 직전으로 추정되며, 집단 무덤의 주인들은 비슷한 시기에 사망한 것으로 밝혀졌다. 이들은 당시 족제비나 오소리와 같은 설치류를 중심으로 모피를 가공했던 사람들로, 이들의 죽음에는 직업이 연관되어 있었다. 설치류는 흑사병의 원인인 페스트균을 옮기는 숙주로 잘 알려져 있는데, 모피 기술자들 사이에 설치류에서 옮은 전염병이 돌면서 단체로 비슷한 시기에 사망한 것이라고 나는 최근의 연구에서 밝혔다. 이렇듯 모피는 고조선에서 고구려로 이어지는 사이에도 아주 중요한 수출품이지만, 때로는 그들의 생명을 위협하기도 했다.

이러한 모피 중개무역은 고조선에서부터 시작해 만주 일대에 몇천 년간 널리 퍼져왔다. 다음 그림은 지금으로부터 약 200년 전, 19세기의 그림이다. 당시 모피를 수납하던 곳은 아무르강 중상류의 데렌이라고 불리는 지역으로 청나라

마미야 린조가 〈동달기행〉에 기록한 200년 전 청나라 관리와 극동 원주민의
모피 교역 장면

관리들은 모피 사냥꾼들이 모피를 들고 찾아오면 다른 물건으로 물물교환을 해주곤 했다. 바로 이러한 중개무역의 시초가 고조선이었던 셈이다.

고대 이래 세계사에서 모피가 차지하는 비중은 너무나 컸다. 고조선 역시 그러한 흐름에서 뒤처지지 않았다. 인간의 동물 가죽에 대한 욕망은 고대부터 이어져 내려왔고, 고조선이 중국과 교류하는 근거가 되었다. 모피는 온대溫帶와 한대寒帶 사이의 교역을 이어주는 세계사의 커다란 축이었으며 고조선은 모피 무역의 중심지였다. 북반구 전역에서는 산간에서 모피를 사냥하는 집단, 소매상, 중개인 등을 거치는 이러한 모피 무역이 이루어졌을 것이다. 이는 고조선이 우리가 생각하는 것 이상으로 무역 능력이 뛰어났음을 보여준다. 모피는 현대시대에 패션 하면 프랑스, 건축 하면 스페인이 떠오르는 것처럼 고조선을 대표하는 최초의 브랜드였는지도 모른다.

단순히 청동기를 만들었다는 것만으로 국가가 오래 지속될 수는 없다. 다른 지역에서 무엇이 필요한지 알고 뛰어난 정보력으로 재화를 확보해야만 경제력이 높아지고 국가 경쟁력의 우위를 점하게 된다. 당시에 그와 같은 전략을 세울 수 있는 물품 중 하나가 바로 모피였다. 고조선의 모피는 고조선의 역사가 아니라 세계사의 물결에서 고조선이 함께했음을 보여주는 증거다.

고조선의 음악과 음식

고고학이 밝혀낼 수 있는 정보는 그리 많지 않다. 현대에 이르러서까지 형태를 보존한 채 발견된 유물과 유적만으로 과거의 생활상을 모두 파악하기는 어렵기 때문이다. 특히 음식, 음악, 미술 등 무형의 산물을 찾아내는 일은 더욱이 쉽지 않다. 그런데 여기, 고조선의 식문화와 무형 유산을 밝혀낼 수 있는 재미있는 연구가 남아 있다.

2014년에 개봉한 〈님아, 그 강을 건너지 마오〉라는 영화를 기억하는가? 72년이라는 오랜 세월을 함께한 노부부의 사랑 이야기를 다룬 이 영화는 다큐멘터리 장르로는 이례적으로 500만 명에 가까운 관객을 모으며 많은 사람에게 감동을 주었다. 이 영화의 제목은 고대가요인 〈공무도하가〉에서 모티프를 얻었다. 〈공무도하가〉는 머리가 하얗게 센 미친 남자, 다른 말로 백수광부白首狂夫의 아내가 물에 빠져 죽은 남편의 죽음을 슬퍼하며 지은 노래라고 전해진다. 전문은 이렇다.

公無渡河(공무도하) 그대여, 물을 건너지 마오.
公竟渡河(공경도하) 그대 결국 물을 건너셨도다.
墮河而死(타하이사) 물에 빠져 돌아가시니,
當奈公何(당내공하) 가신 임을 어이할꼬.

이 노래의 창작연대는 미상이지만, 진晉나라의 최표가 지은 『고금주』에 설화와 함께 한역이 기록되어 있어 그 이전에 창작되었을 것으로 추측한다. 또한 노래가 발견된 지역은 고조선 멸망 후 조선인들이 머무르던 곳이었으므로 역사적 배경 역시 우리나라로 보고 있다.

한나라는 사방을 정벌할 당시 각 지역을 돌면서 민요를 수집했다. 〈공무도하가〉는 그중에서 고조선을 침략했을 때 채록한 문학으로, 다른 말로는 〈공후인〉이라고도 부른다. 백수광부의 아내가 남편이 죽은 후 공후를 타면서 노래를 불렀다는 데서 제목이 유래되었다. 공후는 지금의 하프와 같은 악기로, 고조선의 악기는 아니었다. 현재까지 발견된 가장 이른 하프는 약 5,500년 전에 메소포타미아의 무덤에서 발견된 바 있다. 그리고 약 3,000년 전에는 중앙아시아와 중국 신장(소위 실크로드)에서도 널리 연주되었다.

당시의 하프는 현재 우리가 아는 하프harp라기보다는 라이어lyre라고 하는 휴대용 악기였다. 크기는 말 위에 타서도 연주할 수 있을 만큼 작고 가벼웠다. 〈공무도하가〉의 별칭이 '공후인(하프의 노래)'이라니 고조선은 서역에서 악기를 수입해서 연주할 정도로 새로운 음악을 받아들이는 데 적극적이었을 것으로 보인다. 이러한 개방성 덕분에 〈공무도하가〉가 한나라에서도 널리 인기를 끈 게 아닐까?

고조선의 식문화에 관한 기록 역시 비슷한 방식으로 찾아볼 수 있다. 고조선의 음식은 사료에는 남아 있지만, 고고학적으로는 거의 형태를 찾아보기 어렵다. 다만 기록 중에 흥미로운 이야기가 전해진다.

전한의 7대 황제인 무제는 위만조선을 침략해 영토를 확장했다. 어느 날 무제가 고조선의 바닷가를 걸어가는데, 어딘가에서 시큼하고 식욕을 돋우는 냄새가 났다. 냄새가 나는 곳을 따라가 보니 생선 젓갈이 땅에 묻혀 있었다. 한나라의 황제와 군대가 몰려오자 그 지역에 살던 백성들이 모두 도망가면서 젓갈을 땅에 묻어둔 것이었다. 무제는 이것을 보고 "오랑캐를 쫓다가 내가 발견했구나"라고 말하며 젓갈에 '축이逐夷'라는 이름을 붙였다. 그는 이후에도 젓갈을 아주 좋아하며 즐겨 먹었다고 한다. 이뿐 아니라 한 무제가 고조선을 침공했을 때 수많은 고조선의 문화가 중국으로 건너갔을 것이다.

명품은 모피, 음악은 하프, 음식은 젓갈. 이러한 고고학 유적을 엮어 들여다보면 한 번도 보지 못한 고조선인들의 삶도 우리의 삶과 크게 다르지 않았음이 드러난다. 우리의 기원이라고 하면 여전히 곰과 호랑이가 떠오르는가? 고조선이 설화 속에 등장하는, 어쩌면 실제로 존재하지 않았던 국가처럼 여겨지는가?

고조선은 말도 안 되게 거대했던 상상 속의 나라도 아니고, 중국이 말하는 것처럼 이름만 있었던 나라도 아니다. 한국사의 시작인 동시에 문명사적인 보편성을 획득한 역사적인 고대국가였다. 유라시아에서 숙련된 기술자를 스카우트해서 청동기를 만들고, 가장 값비싸게 거래할 수 있는 모피를 중개무역하면서 부를 쌓았다.

고조선 시대나 지금이나 우리나라의 지리적 조건은 달라지지 않았다. 고조선은 세계사적인 보편성과 한반도가 가진 지정학적인 환경을 적절하게 이용하며 등장한 한반도의 첫 번째 문명이었다.

1995년에 첫 번째 석사 논문을 쓸 당시, 연구를 위해 중국에도 가보지 못한 것이 너무 아쉬웠다. 졸업 후에는 러시아에서 박사과정을 밟게 돼 중국에 가는 일은 점점 더 요원해졌다. 그러다 2004년 10월, 드디어 중국으로 건너가 난생처음으로 비파형 동검을 만져보며 조사할 기회를 얻었다. 지금도 그때가 마치 슬로비디오의 한 장면처럼 생생하게 기억난다. 현장의 분위기, 칼을 처음 본 느낌, 칼의 촉감 등이 마치 어제 일처럼 떠오른다. 그 칼이 마치 나에게 말을 거는 듯했다.

고고학은 마치 새로운 사람을 만나 대화하는 것처럼 우리에게 그 시대를 알아가는 재미를 선사한다. 유물 한 점에는 우리가 생각하는 것 이상으로 많은 이야기가 담겨 있다. 그 하나에서 꼬리에 꼬리를 무는 숨겨진 사연이 수천 년을 이어와 현대에 닿고, 우리에게 예상치 못한 감격을 선사한다. 이것이 바로 고고학만이 갖고 있는 신비로운 매력이다.

2장

우리는 어떻게
세계와 교류했는가

— 금관

한반도라고 하는 지리적 환경은 변하지 않는다.
그 속에서 우리는 지금의 문화를 만들었다.
대륙 끝의 동떨어진 땅처럼 보이지만 고립되지 않고
끊임없이 교류하고 이주하며 살아간다.

1. 한반도로 들어온
금속 세공 기술

초원문화의 구심점, 거대 고분

초원은 지리학적 개념이다. 유라시아뿐 아니라 아메리카 대륙, 아프리카 대륙에도 존재한다. 그럼에도 대부분의 사람들은 초원이라고 하면 보통 유라시아의 광활한 벌판을 가장 먼저 떠올린다.

유라시아 초원의 규모는 만리장성에서부터 몽골과 러시아를 거쳐, 서쪽으로 헝가리까지 끊이지 않고 이어질 만큼 넓다. 전 세계 초원 지대 가운데서도 첫 손가락에 꼽힐 정도다. 중간에 산맥이나 바다에 가로막히지 않고 평원이 연속해서 쭉 이어지다 보니 새로운 기술이 탄생하면 타지로 전파되는 속도가 상당히 빨랐다. 이를 바탕으로 유라시아의 초원은 고대에서부터 지금까지 유럽과 아시아를 연결해주는 통로가 되었다.

다음 지도는 유라시아 초원에서 발흥한 주요 문화권을 보여준다. 가장 왼쪽 흑해 지역에서 나타난 스키타이 문명부터 우리나라와 가장 가까운 곳의 샤자뎬 상층문화까지 청동기 문화는 유라시아 대륙을 아우르며 다양하게 발달했

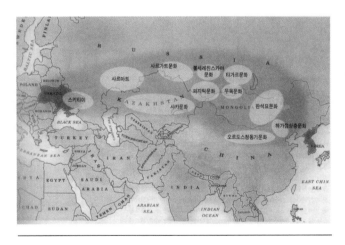

유라시아 초원의 기원전 8~3세기의 유목문화

다. 이 문화권들이 동서양을 오가며 교류하다 보니 비슷한 형태의 청동기 유물이 공통적으로 발견되기도 했다.

이 초원의 문명에서 나타나는 대표적인 특징은 거대한 고분이다. 고분이 초원 지대의 특징으로 자리 잡은 데는 기후와 주거 방식이 큰 영향을 미쳤다.

초원에 사는 사람들은 대부분 한곳에 머무르지 않고 떠돌면서 생계를 해결하는 유목민이었다. 초원이라고 하면 파릇파릇하게 풀이 자라나고 따뜻한 햇볕이 사시사철 내리쬐는 평화로운 장면을 떠올리기 마련이지만, 실제로 초원에서 이런 기후는 1년에 서너 달밖에 나타나지 않았다. 나머지 9개월간은 땅이 눈밭에 덮이고 얼어붙어 먹을 것조차 제대로 구하기 어려웠다.

게다가 인간은 신체 구조상 초원에서 자라는 풀을 주식으로 먹을 수 없다. 초식동물은 풀에서 영양분을 얻지만, 인간의 위는 셀룰로스를 소화하지 못하고 몸 밖으로 배출시킨다. 그래서 초원의 유목민들은 그 풀을 먹는 동물인 양이나 염소를 키워서 잡아먹었다. 동물을 초원에 풀어놓고 키우면 따로 먹이를 줄 필요 없이 자유롭게 자란 동물에게서 고기와 젖과 가죽을 얻기만 하면 되었다. 그러자 농사를 지을 수 없는 지역이 거대한 삶의 터전으로 탈바꿈했다.

다만 이런 생활의 단점은 정착해서 안정적인 삶을 유지할 수 없고 계속해서 다른 장소로 이동해야 한다는 것이었다. 목축 동물들이 풀을 다 뜯어 먹으면 먹이가 있는 다른 지역을 찾아서 옮겨야 했으므로, 마을을 형성할 수도 없었다. 수천 마리의 양 떼를 키우는 무리가 서너 개만 모여도 동물이 먹을 풀이 모자라다 보니 다 같이 굶주릴 수밖에 없었다.

이처럼 공동체의 구심점이 사라진 유목문화에서 모임 장소로써 중요한 역할을 한 곳이 고분이었다. 초원 지대의 사람들은 돌아가신 조상의 무덤을 크게 만들어서 그곳에 모여 제사를 지내고 음식을 나누었다. 이것이 초원 지역에서 거대한 고분이 많이 발견된 이유다. 대형 무덤들은 지름이 150미터에 이를 만큼 엄청나게 넓었고, 안에는 나무로 마치 통나무집같은 관을 지어서 살아 있는 사람들이 돌아가신 왕이나 족장을 추모하는 장소로 사용했다.

세계사를 보면 이 지역뿐만 아니라 거대한 무덤을 만들어 조상을 추모하는 문화가 다수 존재했다. 우리나라의 신라시대에도 돌로 쌓은 무덤이 있었고, 유럽에도 마찬가지였다. 이렇게 큰 고분 안에는 황금이 다량으로 묻힌 경우가 많았다.

황금 유물이 여러 유적에서 발견된 까닭

황금은 초원에서 말을 타던 사람들이 가볍게 착용하기 좋은 비싼 귀금속이었다. 덩어리로 된 금괴는 무게가 많이 나가지만, 황금을 얇게 펴서 장신구를 만들거나 몸에 붙이면 가벼우면서 부를 과시하기에도 좋았다. 주로 사용된 장식품은 다음 사진과 같은 것이었다. 이를 옷이나 마구에 붙이고 온몸을 황금으로 반짝반짝 빛나게 한 것이다.

당시 유목민들에게 자신의 부를 과시할 만한 소재는 황금밖에 없었다. 정착하지 않으니 집을 으리으리하게 지을 수도, 값비싼 물건을 잔뜩 사서 들고 다닐 수도 없었다. 오로지 황금을 얇게 펴 장신구로 쓰는 것만이 재력을 뽐낼 수 있는 전부였다. 주군은 자신을 따르는 전사에게 황금을 하사했다. 훈장처럼 온몸을 덮은 황금은 그 사람의 무덤까지 따라갔다.

다음 사진에서 오른쪽 아래에 있는 갑옷은 카자흐스탄의 이식Issik 유적에서 발견된 유물이다. 이 갑옷의 주인은 갑옷에 황금을 붙여 온몸을 치장했다. 죽었을 당시 추정 나이는 10대 후반으로 상당히 어렸음에도 황금으로 장식한 화

카자흐스탄 이식고분에서 발굴된 2,400년 전의 황금 유물과 발견 당시의 모습

려한 옷을 입고 있었다는 것은 전공을 많이 올린 전사였다는 것을 의미한다.

유목 전사들이 부장품으로 황금을 많이 사용한 데는 당시의 평균 수명도 한몫했다. 초원에서 활동한 전사들은 맹렬한 전쟁을 반복해서 치르다 보니 평균 수명이 20대 중후반으로 매우 짧았다. 지금으로 따지면 삶의 절정기에 접어들 무렵 죽음을 맞는 것이다. 그 때문에 귀족들은 아이를 낳으면 곧바로 그들의 무덤 자리를 준비했다. 이들에게 무덤이란 우리가 연금에 가입하는 것과 같은 유일한 노후 대비책이었다.

그리고 평생 전쟁하며 모은 황금으로 무덤을 장식했는데, 여러 문양 중에서도 특히 동물 그림을 많이 활용했다. 특히 기세가 좋은 표범이나 호랑이 혹은 상상의 동물인 그리핀이나 사슴 등 역동적인 동물들이 그들의 주요 관심사였다. 이처럼 예사롭지 않은 무덤을 만들면서 초원 지역의 황금 가공 기술은 전 세계에서 손꼽힐 만큼 발전했다. 그 기술은 동과 서로 뻗어나갔다.

이처럼 카자흐스탄과 실크로드에 살며 황금 문명을 이루었던 유목민들을 '사카'라고 부른다. 이들은 기원전 4세기 때 서쪽에서 밀려나 중국의 북방으로 들어왔다. 이 시기는 동서양을 막론하고 복잡한 사건들이 일어난 혼란한 시대였다. 연나라 장수 진개는 고조선을 공략해 땅 절반을 빼앗았고, 중국에서는 만리장성을 쌓기 시작했다. 한나라의 북쪽에 자리 잡은 흉노족도 이때부터 발흥했다. 이러한 역사적 사실들로 한반도에 황금을 다루는 기술, 금관을 제작하는 기술이 어떻게 유입되었는지가 서서히 드러났다.

사카인들은 북쪽으로는 현재의 알타이 지역까지 이동했고, 일부는 만리장성을 따라 중국 북방을 거쳐 이후 한반도에까지 영향을 미쳤다. 나머지 무리는 히말라야산맥을 따라서 중국 남쪽으로 내려갔다. 멀게는 미얀마 북쪽까지도 이 초원인들의 흔적이 남아 있다. 다큐멘터리 〈차마고도〉의 여정은 바로 이 사카족이 거쳐 간 길을 더듬어본 것이다.

청동기와 마찬가지로 황금 기물을 만드는 데도 기술자가 필요했다. 단, 황금을 가공할 때는 거푸집을 사용하지 않았다. 금을 청동처럼 녹여서 붓다가 흐르거나 빠지면 손해가 막심했으므로 거푸집을 사용하는 대신 얇게 펴서 하나씩 두들기고 붙이면서 세공한다. 황금 세공 기술에는 기술 집약적인 방법이 사용되었으므로 넓은 공간 역시 불필요했다.

그 시대의 유물에서는 이러한 기술자들의 세심함을 엿볼 수 있다. 다음 사진은 국보 제89호인 평양 석암리 금제 띠고리로 낙랑 시대에 만들어진 것이다. 가운데 용은 금으로 구슬을 만들어 하나씩 이어 붙여 표현했다. 금으로 정교한 장식품을 만드는 누금세공이라는 공예법으로, 얇은 금판에 열을 가해 작은 구를 만드는 기술이다. 현대 금세공 기술로는 따라 할 수 없을뿐더러 만들 수 있다고 하더라도 비용이 어마어마하게 들어가므로 이 유물의 가치는 측정이 불가능

국보 제89호 평양 석암리 금제 띠고리 유물

하다.

그렇다면 이러한 유물을 만든 기술자들은 어디에서 왔을까? 다음 장의 사진을 보자. 평양 석암리 금제 띠고리와 비슷하게 생긴 이 유물들은 발견된 장소가 모두 다르다. 첫 번째는 실크로드 지역인 중국 신광성, 두 번째는 평양, 세 번째는 중국 다롄에서 발견되었다. 이것은 서로 모양을 카피한 것이 아니라 2,000년 전에 금속 기술자들이 중국과 한반도 일대로 확산되었다는 증거다.

이렇게 기술이 옮겨가는 것은 현대의 명품이 전 세계적으로 유명세를 떨치는 현상과 비슷하다. 예를 들어, 모두가 선망하는 해외 브랜드의 차가 있다고 가정해보자. 이 브랜드를 한국에 처음으로 론칭할 때는 서울에서 가장 부유한 지역에 지점을 열어 판매를 시작할 것이다. 그러다 많은 사람에게 인기를 끌면 지방 대도시에도 새로운 지점을 내게 된다. 그렇게 작은 지방 구석구석까지도 소문이 퍼져나가면서 점차 유행으로 자리 잡고, 그 브랜드를 만드는 기술자도 지점을 따라 이동할 것이다. 같은 방식으로 유라시아의 황금 예술 역시 사람들에게 열렬한 환호를 받으며 순식간에 동쪽 끝의 지역인 한반도에까지 퍼졌다.

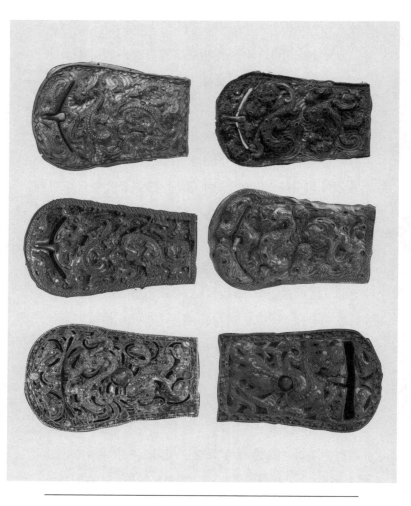

2,000년 전 동아시아 일대에서 발굴된 흉노의 기술로 만들어진 황금 허리띠

그렇다면 금은 어디에서 가져온 것일까? 요즘처럼 금광에서 캐낸 것일까? 2,000년 전에는 금광에서 캐낸 금이 많지 않았다. 대부분은 다른 무덤에 있는 금을 훔쳐 녹여서 사용하거나 사금을 채취했다. 금은 비중(比重, 어떤 물질의 질량과 그것과 같은 부피를 가진 표준물질의 질량과의 비율)이 높아서 물살이 빨라질 때 멀리 움직이지 못하고 강바닥에 깔린다. 이를 이용해 강에서 물을 떠 가장 무거운 금만 남기는 방식으로 금을 채취했는데, 최근까지도 이 방법으로 한 명이 1년에 약 50그램 정도의 금을 캤다고 한다.

　하지만 금이라는 금속은 예나 지금이나 구하기 어려웠고 가치가 높았으므로 아주 세심하게 다뤄졌다. 따라서 금관이 등장하기까지는 다른 나라의 발전된 문명이 신라로 유입되고, 기술이 발달하는 등 훨씬 더 오랜 시간이 걸렸다. 또한 금은 신라가 중앙집권 국가로 발전하는 데 큰 도움을 주었다. 금이 어떻게 단순히 장신구 이상의 가치를 뛰어넘어 사회와 국가를 아우르는 상징물이 되었는지 지금부터 자세히 살펴보자.

2. 신라시대의 교역과
금관의 발달

일본까지 건너간 초원의 기술

2010년, 경주 탑동에서 나무로 만든 관이 들어 있는 '널무덤'이 발견되었다. 이 유적에서는 이전의 신라시대 유적에서 발견된 것과는 다른 특이한 유물이 다수 출토되었다. 특히 진한에서 신라로 건너온 사람들의 이야기는 그때까지 기록으로만 전해졌는데 이 유적의 발굴로 그 흔적이 증명되었다.

삼국시대를 연구하는 데에 가장 중요한 기록으로 평가받

는 중국의 고대 역사책 『삼국지』 「위서」 동이전에는 다음과 같은 내용이 남아 있다. 진한 지역, 지금의 경상남도에 살던 노인들이 말하길 자기들은 원래 중국 북방의 만리장성 부근에서 살았는데 노역을 너무 심하게 시키는 바람에 도망쳐 왔다는 것이다. 당시 경주와 만리장성은 거리가 상당히 멀었으므로 몇몇 사학자는 이 기록의 진위를 의심하기도 했다. 그런데 경주 탑동 목관묘에서 기원전 2세기에서 기원후 1세기경의 사카 문화 유적이 발견된 것이다.

목관묘에서 발견된 유적 중에 가장 독특한 것은 동물 모양 장신구였다. 다음 장의 사진에서 맨 위는 꼬리를 말고 있는 호랑이를 표현한 허리띠 장식이다. 가운데 사진은 실크로드가 시작되는 지점인 중국의 간쑤성에서 발견된 장식이다. 두 곳은 비행기로도 세 시간 가까이 걸리는 먼 지역이다. 그런데 두 유물의 모양이 놀랄 만큼 비슷하다. 우연이라고 하기에는 형태나 조각 기법 등 유사한 점이 너무나 많아 사학자들은 초원문화가 확산되던 시기에 신라시대까지 퍼진 것으로 추측했다. 신라의 금관은 서기 4~5세기에 등장하지만, 그 이전에도 초원 지역과의 접점이 있었음을 보여주는 것이다.

경주탑동널무덤에서 발견된 동물모양 청동기와 간쑤성 출토 유물(출처 : 국립
중앙박물관)

가장 아래에 있는 유물은 곰이 웅크린 모양을 표현한 단추다. 뒤에는 끈과 묶는 고리를 만들었다. 이러한 단추 역시 몽골에서부터 시작해 중국 북방, 초원 민족의 거주지 등 다양한 곳에서 발견되었다. 몽골의 네이멍구 유적에서 발견된 유물과 우리나라 대구에서 발견된 유물 역시 형태가 비슷하다. 유라시아와 중국, 우리나라의 금속 세공 기술의 유사성이 이 유물들 덕분에 확인된 것이다. 유라시아 초원 지대와 한반도는 거리상으로 무척 먼 것 같지만 그때로 돌아가 보면 현대인들이 생각하는 것만큼 심리적으로 멀지는 않았던 것으로 보인다.

어느 시대나 이국적인 스타일은 늘 선망의 대상이었다. 쉽게 접하기 어렵고 값비싸고 새로운 물건을 처음 보면 누구나 끌리게 된다. 이러한 물건을 소유하려면 경제적 능력이 뛰어나야 했다. 따라서 국가가 성장하면 자동으로 고가품이 수입되거나 고급 기술이 유입되었다. 뛰어난 기술로 정교한 장신구나 도구를 만들었던 사람들도 적극적으로 받아들였을 것이다. 한반도로 유입된 기술은 바다를 건너서까지 널리 퍼졌다.

다음 장의 위 그림은 북방의 초원 지역에서 발견된 거푸집을 묘사한 것이다. 아래 사진은 2011년, 일본 오사카의 가마고텐이라는 유적지에서 발견된 거푸집으로, 이는 약 2,400년 전의 것으로 추정된다. 만약 거푸집이 아니라 청동 검이 발견되었다면 이것을 서로 주고받은 교역품이라고 어느 정도 이해할 수 있다. 완성된 물건을 주고받는 것은 그 시대에도 흔한 일이었기 때문이다. 그런데 교역품이 아니라 청동기를 만드는 거푸집이 서로 멀리 떨어진 지역에서 발견되었다는 것은 드문 일이다. 이것은 청동기 장인들이 한반도를 거쳐 일본으로 건너갔다는 사실을 짐작하게 한다. 역사에 기록되지 않았던 많은 사람이 산을 넘고 바다를 건너 지역과 지역을 이동하며 발전된 문화도 함께 퍼지게 된 것이다.

그렇다면 초원의 기술자들이 남북으로 이동한 이유는 단순히 기술을 전파하기 위해서였을까? 이는 당시 혼란스럽던 동아시아의 정세와도 관련되어 있다. 더 큰 원인은 중국의 만리장성 건축이었다. 진나라 시황제는 북방 유목민족인 흉노의 침공을 막기 위해 만리장성을 쌓아 올렸다. 초원을 옮겨 다니며 사는 유목민에게 땅이란 나와 네 것의 구분이 없는 공유 재산과 같은 것이었다. 그런데 만리장성이 생기면서 땅의 소유권이 생겨났고, 농사를 짓고 가축을 기를 땅을

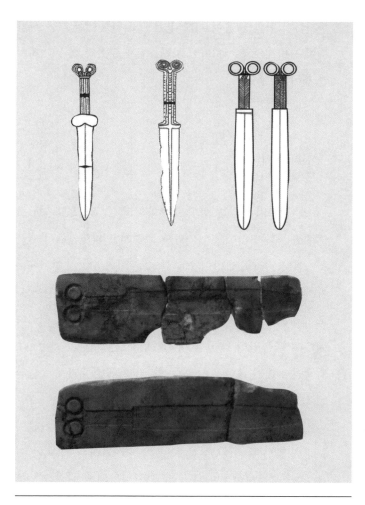

중국 북방의 초원 지역과 일본에서 발견된 거푸집 비교(출처: 일본 시가현 교육위원회)

차지하기 위한 싸움이 시작되었다. 그 와중에 밀려난 사람들이 사방으로 흩어지면서 자연스럽게 문화와 기술도 옮겨 간 것이다.

신라의 외국인

4~5세기의 신라는 북방계 문화의 전성기라고 할 정도로 새로운 문화가 많이 유입되었다. 그렇지만 외국인들이 건국 초기부터 서라벌에 많이 거주한 것은 아니었다. 초창기에는 마치 큰 욕조에 담긴 물에 잉크 한두 방울을 떨어뜨린 정도로 그들이 지역 사회에 미친 영향은 아주 미미했다. 그러다 제17대 내물왕이 나라를 통치하면서 전환점을 맞이했다. 외국인이 대거 유입된 시점은 신라가 거대한 국가로 폭발적인 성장을 한 시기와도 맞물렸다.

신라는 그전까지 박 씨, 석 씨, 김 씨 성을 가진 세 가문이 교대로 왕좌를 차지했는데, 내물왕 시대부터는 김 씨가 왕을 독점 세습하게 되었다. 이때부터 신라에는 거대한 고분이 만들어졌다. 이전에는 없었던 이런 형식의 고분에는 서역이나 북방, 유라시아 등 외국에서 수입해온 명품이 가득히 들어찼다.

이 때문에 고고학계에서는 지난 100년간 고분의 주인이 흉노족이 아닐까 하는 의견이 분분했다. 무덤을 발굴한 학자들은 유물로 미루어 고분의 주인이 신라인이 아니라고 생각했고, 당시 고분을 만든 사람들 역시 스스로를 '흉노의 후손'이라고 말하고 다녔다는 기록도 발견되었기 때문이다. 그러다 최근, 그들은 흉노의 자손이 아니라 단지 그들을 흉내 내는 사람들이었다는 데 의견이 모아졌다.

왜 귀족 계급의 신라인들은 왜 자신들을 흉노의 후손이라고 말했을까? 그 이유는 자신의 정체성을 북방 민족에 둠으로써 일종의 선민의식을 표출한 것이다. 그들은 다른 사람과 구별되는 특별한 스토리텔링을 만들고 지위가 높은 가문 출신이라는 사실을 강조했다. 특히 진귀하고 새로운 유물을 고분에 넣으면서 경제력을 과시했고, 대대로 전해지는 고유한 문화의 전수자로서 귀하게 대접받아야 한다고 생각했을 수도 있다.

이즈음 신라는 돌을 쌓은 거대한 무덤도 만들었다. 이러한 고분은 카자흐스탄에 있었던 적석목곽분과 상당히 유사

알타이의 적석목곽분과 신라의 황남대총

하다. 위의 사진은 알타이의 고분, 아래는 신라의 황남대총이라는 왕릉이다. 초원지역에서는 신라가 있었던 서기 5~7세기부터 투르크의 왕족까지 무려 1천년간 이런 무덤을 만들었다. 한마디로 돌무덤은 초원의 왕족을 대표하는 것이었다.

신라시대에는 특이하게 수도인 경주에 수많은 고분을 만들었다. 보통 다른 나라의 경우, 왕릉과 수도는 멀리 떨어져 있다. 그런데 경주에서는 눈만 돌리면 어느 곳에서든 언덕처럼 생긴 봉긋한 고분을 볼 수 있다. 거대한 고분을 만들려면 수백 명이 몇십 년 동안 매일같이 일해야 한다. 그전에는 없던 큰 돌로 거대한 무덤을 쌓으면서 왕족은 백성과 구분되는 하늘에서 내려온 사람이라는 것을 보란 듯이 과시하게 된다. 그리고 그곳에 값비싸고 화려한 물건을 부장품으로 가득 채움으로써 높은 지위를 한 번 더 강조하는 것이다.

신라 고분을 상징하는 대표 유물인 천마도도 알타이 문화와 이어지는 또 하나의 증거다. 천마라는 상징은 북방 유목민들이 갖고 있던 풍습에서 유래했다. 북방 민족들은 사람이 죽으면 하늘로 올라갈 때 천마를 탄다고 믿었다. 천마도는 자작나무 껍질에 그린 그림인데, 이 나무는 남한에서 찾아볼 수 없고, 대체로 추운 북쪽 지역에서만 자란다. 시베리아 횡단 열차를 타고 가면서 끝없이 보이는 하얀색 나무가 바로 자작나무다. 유목민들은 이 나무를 베어 텐트도 짓고, 장작으로 쓰는 것은 물론 하얀 껍질을 벗겨 가방, 그릇, 공예품 등 다양한 생필품을 만들었다. 천마도를 만드는 재료로 사용된 큰 판의 자작나무는 북쪽 초원에서 벌목한 것을 수입해 올 가능성이 가장 크다. 신라에서 북방 민족이 만든 것과 유사한 유물이 발견된 것은 결코 우연이 아니다.

또 하나, 신라인들이 확실하게 북쪽에서 가져온 유물이 있다. 바로 계림로 단검이다. 이것은 대릉원을 따라 도로를 내는 공사를 하던 중 발견한 작은 고분인 계림로에서 출토되었다. 이 정도로 화려하고 정교한 검은 유라시아를 통틀어 열 손가락 안에 꼽힐 정도로 최고급에 속한다. 카자흐스탄이나 러시아 학계에서도 신라시대에 이런 황금보검이 존재했었다는 것을 믿지 못할 정도다. 일반인이 수입했다고 하기에는 상당히 고가의 물건이기 때문에 왕국 차원에서 교환한 물건이라는 추측도 있었으나 발견된 고분이 눈에 띄지 않을 정도로 작았으므로 보검의 주인은 일반 무사라고 결론 내리게 되었다. 아마도 신라인이 지금의 카자흐스탄 지역

계림로 9호분에서 출토된 초원 지역에서 온 보검

에서 북방 지역의 군인으로 활동하면서 큰 공을 세우고 하사품으로 받아 오지 않았을까 막연하게 추측할 뿐이다.

이러한 검은 주로 카자흐스탄 북쪽에서 발견된다. 몇몇 신라인은 실제로 자신들이 북방 민족의 후예라고 믿으면서 북쪽 나라들과 활발하게 교류했을 것이다.

마지막으로 살펴볼 교류의 흔적은 신라시대의 청년 조직인 화랑이다. 화랑은 진흥왕 시절 젊은 소년 가운데 인재를 모집할 목적으로 만든 조직이다. 이들은 전쟁 때는 무사로 활동하고 평소에는 심신을 수양하며 다방면에서 활약했다. 앞서 북방 초원에서 거주했던 사람들은 거친 유목민의 삶을 살다 보니 수명이 길지 않다고 언급했다. 어떤 학자들은 신라시대의 화랑이 그들의 소년병과 비슷한 군사 조직이었다고 주장하기도 한다.

한편, 유목민 사회는 전쟁과 군사력을 중요시하는 문화이다 보니 스키타이 시대에는 여성 무덤을 거의 만들지 않았고, 부부를 합장하는 문화도 없었다. 가끔 발견되는 여성의 무덤은 주로 점을 치는 샤먼이 주인이었다. 이들 역시 전쟁에서 군사들이 잘 싸우도록 힘을 북돋는 역할을 했으므로 사후에 대접을 받는 것이다. 이런 경우를 제외하면 여성의 무덤은 거의 찾아볼 수 없어 비율로 따져보면 남성 무덤의 10퍼센트도 채 되지 않는다. 얼마 전 우코크고원이라는 곳에서 합장묘가 발견되어 부부를 같이 묻은 게 아니냐는 설도 있었지만, DNA를 분석한 결과 둘 다 남자로 밝혀져 가설은 사실이 아님이 증명되었다.

신라가 시작된 기원전 1세기부터 흉노족은 유라시아를 통틀어 가장 발전한 민족이었다. 『니벨룽겐의 노래』의 모티프가 된 헝가리인의 조상 훈족도 흉노족의 후예임을 자처했다. 신라도 흉노의 후예라고 주장했는데, 조사해보니 동유럽과 인도, 중앙아시아를 통틀어 역사적으로 총 열다섯 개의 나라가 흉노의 후예라고 주장했음이 밝혀졌다. 즉, 흉노는 그 당시에 선진 문화, 선진국의 대명사였던 셈이다. 신라는 이러한 선진국의 문물을 적극적으로 받아들이겠다는 강력한 의지가 있었다.

또한 기원 전후로 중국 북방지역에 모습을 드러내던 사카인들은 이후에 한반도에도 나타났다. 조사하면 할수록 동쪽 변방의 끝에 떨어졌다고 생각한 한반도에서도 넓은 대륙과 교류한 흔적이 계속해서 발견되는 것이다.

3. 신라의 상징, 금관

금관 대신에 황금옷을 입었던 흉노인들

신라시대 하면 무엇이 가장 먼저 떠오르는가? 드라마 〈선덕여왕〉에서 등장한 금관이 가장 먼저 생각나지 않는가? 금관은 교과서에도 자주 등장할 정도로 신라시대의 대표적인 유물이다. 우리나라에는 현재 총 여섯 점의 금관이 존재하는데, 고분에서 공식적으로 다섯 점이 출토되었고, 한 점은 도굴당했다가 국가로 환수되었다. 출토된 유적은 대부분 돌무지덧널무덤이다.

신라의 금관은 유라시아 평원을 지배했던 흉노족의 영향을 크게 받았다. 앞서 살펴본 것처럼 신라인 중에는 흉노의 후예임을 자처한 이들이 많았는데, 그러다 보니 흉노의 문화도 자연스럽게 신라 사회에 스며들게 되었다. 특히 유목민족의 황금 공예 기술은 당시 세계 최고 수준일 만큼 높았으므로 신라는 이를 받아들여 화려한 장신구나 금관 등을 만드는 데 활용했다.

황금을 선호하는 것은 유목문화의 일반적인 특징이다. 황금은 가볍고 얇게 펴지는 성질 때문에 장식의 효과가 크며, 가공에 별다른 시설이 필요하지 않으므로 거주지를 여기저기 옮겨 다니는 유목민족의 생활 방식에도 잘 맞았다. 다만 그들은 신라인들과는 달리 금관을 쓰지 않았다. 말을 타고 다니는 유목민의 특성상 머리에 무거운 관을 쓰고 다닐 수 없었기 때문이다. 대신 온몸을 얇은 황금으로 장식해 화려함을 자랑했다. 흉노인들에 대한 중국의 기록에는 그들이 황금으로 만든 인간(祭天金人, 제천금인)을 만들어 하늘에 제사를 지낸다는 내용이 등장한다.

최근 카자흐스탄 동부에서부터 중국 간쑤성 일대까지 중국의 전국시대에 해당하는 기원전 6~3세기에 만들어진 황금인간이 출토되었다. 이렇게 족장이나 귀족급의 무덤에 묻힌 사람을 황금으로 덮는 사례는 특정 문화뿐 아니라 사카계 문화에서 보편적으로 발견되고 있다. 알타이 지역의 부그리 고분, 아르잔 2호 고분, 간쑤 마가원 등이 대표적인 유적지다. 이곳에서는 황금 장식을 온몸에 휘감은 왕족급의 인골이 수백 개에서 많게는 수천 개까지 발견되었다. 고분 대부분이 이미 도굴되었음을 감안하면 족장이나 왕족은 거의 모두 온몸을 뒤덮는 황금 옷으로 자신의 몸을 둘렀을 것이다.

흉노의 황금인간 풍습을 이해하기 위해서는 고고학 자료 및 사료에 남아 있는 스키타이나 유목민들의 생활 환경을 이해해야 한다. 초원 지역은 겨울이 매우 길고 여름은 4개월 이내로 아주 짧다. 고분과 같은 건축물은 여름에만 축조할 수 있기 죽은 사람은 사망 시기에 따라 염한 채로 오랫동안 보관해야 하는 일이 생겼다. 약 2,500년 전 발흥한 알타이 지역의 파지릭Pazyryk이라고 하는 문화에서는 고분에 쓴 나무를 대부분 가을에 벌채했다는 사실이 이를 증명한다. 따라서 장례는 주로 나무가 풍부한 여름 목초지에서 나무가 부족한 겨울 목초지로 이동하기 직전까지 1년간 사망한 모든 사람을 모아 치렀다.

　이 지역에서는 사람이 죽으면 엠버밍embalming 처리(시체가 썩지 않도록 방부 처리하는 것. 우리나라의 염과 비슷하다)를 해길게는 반년 이상 임시로 묻어둔다. 왕이 죽었을 때는 시신을 수레에 태우고 몇 개월간 그가 지배한 지역을 순회하고, 생전에 거주하던 유르트(yurt, 시베리아 유목민들이 거주했던 둥근 천막)에 모신다. 파지릭 고분에서 발견된 수레는 이러한 순회 과정을 위해 사용되었다. 이때 유목민들에게는 망자를 황금으로 치장하는 풍습이 있었다.

　실제로 알타이 아크-알라하 3유적 1고분에서 출토된 여성 미라(얼음공주)의 경우 시신이 밀랍처럼 변하는 시랍화를 방지하고 시취를 막기 위한 여러 가지 조치가 취해졌음이 밝혀지기도 했다. 무덤에는 망자가 살았던 유르트를 뜯어서 함께 집어넣었다. 시신이 지하에 안치되는 순간 그동안 살았던 지상의 영안소가 해체되는 것이다. 살아 있는 사람들도 모두 그 지역을 떠나 다른 곳으로 이동하기 때문에 천막이 남아 있을 이유도 없었다.

　이렇게 미라가 된 왕족이나 귀족은 자신의 옷을 화려하게 입은 채로 모셔졌을 것이다. 이식 고분에서 보았듯 10대

청소년이라도 출신이 높다면 온몸을 황금으로 장식했다. 이러한 황금으로 덮인 옷은 전쟁에서 입기에는 실용적이지 못했다. 또한 황금 장식은 직접 손으로 만들어 제작 기간이 오래 걸렸으므로 매장하기까지의 기간에 하나씩 만들어가면서 황금인간을 완성했을 것이다.

이러한 황금 숭배 풍습은 흉노의 붕괴 이후 훈족의 발흥(서기 4~5세기)을 걸쳐 유라시아 전역으로 확산됐다. 이는 유라시아 초원 지역의 대변동(훈족의 대이동)과 주변 지역의 국가 형성에 따른 새로운 위신재威信材, 소유자의 높은 지위를 증명하는 물건의 수입, 그리고 이데올로기의 도입이라는 내외적인 조건이 만나면서 이루어진 결과다.

고대 국가에서 금관의 의미

그렇다면 흉노의 황금인간에서 시작된 금인 숭배의 풍습이 어떻게 신라의 금관까지 이어졌는지 조금 더 집중해서 살펴보자. 이것은 단순한 유물이 아니라 종교와 같은 것이 전해지는 원리이다. 마치 기독교나 불교가 전해지면서 서로 다른 나라에도 비슷한 유물이 나오는 것과 같은 이치이다.

신라에 전해진 새로운 유물은 크게 세가지로 나뉜다. 세계수의 상징화를 가미한 금관(샤머니즘), 편두라는 풍습, 그리고 고대국가의 선민의식으로 설명된다.

첫 번째는 머리의 장식으로 들어간 세계수(전 세계의 신화나 설화 등에 자주 등장하는 하늘을 떠받치고 땅을 지탱하는 거대한 나무)의 모티프다. 고대의 지배자에게는 하늘의 계시를 받아 백성들에게 전하는 역할이 무엇보다 가장 중요했다. 금관은 이러한 신의 뜻을 받는 안테나로써 샤먼이나 왕의 지위를 공고하게 하는 그들만의 장치였다.

금관은 마치 한자 나갈 출出처럼 생겼지만, 실제로는 나무와 사슴뿔에서 모양을 본떴다. 우크라이나 남쪽의 크림반도에서 출토된 금관도 이와 형태가 비슷하다. 유라시아에서 흉노를 자처했던 민족들은 왕의 상징으로 가운데 나무를 두고 양쪽에 사슴이 있는 모양의 금관을 썼다. 즉, 같은 의미를 포함시키고 각각의 방식으로 재해석해 금관을 만들었다.

유라시아 전역에서는 신라와 비슷하게 이와 같은 세계수를 중심으로 하는 샤머니즘의 상징이 최근까지 나타났다. 랴오닝성 박물관원에 전시된 샤먼 관련 유물에 출出자형 장

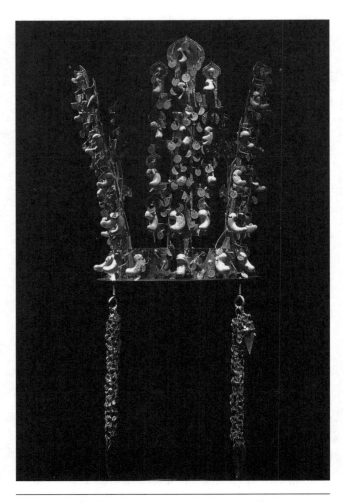

나무와 사슴을 모티프로 만든 신라의 금관(왼쪽)과 크림반도에서 출토된 금관(오른쪽)

식과 사슴뿔 등이 달린 것이 대표적인 예다. 세계수의 사상은 초원 지역에서도 일부 발견되는데, 그들은 금관이 아니라 암각화와 황금 장식품에 이를 표현했다.

신라에서는 여기에 더해 금관에 곡옥, 즉 굽은 모양의 옥을 달았다. 이것은 전 세계를 통틀어 신라 금관에서만 발견되는 스타일이다. 곡옥은 생명과 부활을 상징하는 보석으로 우리나라에서는 청동기시대의 고인돌에서부터 꾸준히 발견되었다. 다시 말해 금관은 기본적인 공통의 스타일에 각 나라의 전통이 특징적으로 결합하면서 완성되었다.

두 번째로 금관을 쓰는 집단에서 확인되는 공통적인 특징은 편두編頭라는 풍습이다. 인간의 머리는 태어날 때는 뼈가 단단하지 않아 출산할 때 빠져나온 그대로 길쭉한 모양이지만, 자라면서 두개골이 서서히 붙어 둥근 모양으로 바뀐다. 그런데 아직 뼈가 붙지 않은 어린 시절, 머리에 나무판을 대서 감아두면 뾰족한 모양 그대로 굳게 된다. 그러면 옥수수 머리 외계인처럼 뒤통수가 길쭉해지는데, 이것을 '편두'라고 불렀다.

편두는 신석기시대 이래로 널리 유행했으며, 유라시아 초원에서는 기원전 20세기 안드로노보 문화(아르카임 유적)에서도 발견되었다. 특정한 민족의 전유물이 아니라 신분을 상징하는 신체적 특징으로 당시 지역을 넘어 널리 유행한 현상인 셈이다. 특히 편두는 훈족 시대에 흉노를 자처하던 민족들 사이에서 유행했다. 금관을 쓰게 될 왕족이라면 아주 어릴 때부터 편두를 만들어 부와 권력을 세습하기 위한 도구로 사용했다. 만약 왕좌를 노리는 누군가가 쿠데타를 일으키거나 반역해서 금관을 차지했다고 하더라도 머리에 금관이 들어가지 않으면 왕권의 정당성을 획득하지 못했다. 그렇게 왕권은 하늘로부터 부여받은 절대적 권함임을 백성들에게 공고히 했다.

이때부터 금관에는 '독점'이라는 의미가 담겼다. 고대인들은 금관을 쓴 사람만이 신의 뜻을 안다고 생각했다. 왕은 상징물을 착용함으로써 일종의 국가 권력을 부여받은 것이다. 신의 선택을 받은 금관을 쓴 사람, 그들은 권력과 정당성을 거머쥐었다.

세 번째로 금관은 마립간 체제라는 신라 지배계층의 선민의식을 나타냈다. 이 시기 신라의 왕족은 김씨 세습을 확립하며 스스로 흉노의 후예를 자처했다. 이 과정에서 북부여-부여-고구려-백제로 이어지는 부여계 천손 민족을 지배 이데올로기로 내세웠던 다른 삼국과 차별화되는 자신들만의 이데올로기를 완성했다.

한편 초원 지역은 흉노 세력이 와해되고 이후 선비, 유연 세력 등이 발흥하는 혼란기로 접어들면서 문화가 주변 국가로 점점 확산되었다. 흉노족이 차지했던 황금 유물과 그들의 종교 및 사상은 정착민들에게 매력적인 요소로 작용했을 것이다. 신라는 내물마립간의 지배체계를 재정비하는 과정에서 중앙집권을 강화하기 위해 거대한 고분을 만들고 지방 거버넌스를 구축했다. 이때 금관을 비롯한 다양한 위신재를 들여옴으로써 왕족의 신격화를 더욱 확고하게 만든 것이다.

한국 고고학의 시작은 이러한 금관이 신라에서도 발견되는 것에 대한 의문과 함께라도 해도 과언이 아니다. 해방 이후 최초의 발굴인 신라 호우총 보고서에도 흑해 연안의 호흘라치 고분의 도면을 실어 둘 사이의 연관을 연구했다. 1970년대 말에는 아프가니스탄의 틸리야 테페 유적에서도 신라의 금관과 제작기법 및 형태가 흡사한 유물이 출토되었고, 1990년대 이후에도 훈족의 대이동 시기에 묻힌 것으로 추정되는 다양한 금관이 유라시아의 여러 지역에서 발굴되고 있다.

이처럼 신라에서 나타난 대표적인 북방계 문화 요소는 적석목곽분과 황금이 유라시아 곳곳에 신라의 금관과 비슷한 유물이 많이 출토되는 것은 결코 우연이 아닌 것이다. 신라의 금관은 유라시아 초원 지역의 정세 변화와 신라의 내적 성장, 유라시아 네트워크의 확산, 그리고 유라시아의 문물을 받아들이면서 그들의 종교적인 심성도 받아들이고 조합되면서 만들어진 결과다.

금관으로 알아낸 신라인의 정통성

지금까지 발견된 북방계의 고분과 황금 유물은 서기 4세기에서 6세기에 대부분 제작되었다. 이후 법흥왕 때 불교를 국교로 공인하고 민간에도 불교가 널리 퍼지면서 화려한 고분은 대부분 사라졌다. 신라시대에 고분을 화려하게 꾸민 이유는 내세에 잘살려면 거대한 집을 짓고 유물을 가득 넣어야 한다는 믿음 때문이었는데, 불교의 내세관에서는 무덤을 크게 만들지 않아도 충분히 좋은 곳으로 갈 수 있다고 믿었으므로 무덤에 공을 들이 않게 되었다. 물론 그때까지도 신라에는 흉노를 자처하는 사람들이 여전히 남아 있었다.

신라의 제30대 왕인 문무왕의 능비에는 신라의 선조에 관한 이야기가 등장한다. 이 기록에 나오는 진백이라는 사람은 기원전 7세기 중국 춘추전국시대에 재위한 진 목공을 가리킨다. 문무왕은 진나라의 22대조가 신라의 선조라고 여겨 능비에 기록한 것이다. 신라인들이 일관되게 자신들의 기원이라고 가리킨 지역은 바로 간쑤성, 즉 황허강 상류에 있는 중국 서북지역이었다.

이 지역이 바로 진백이나 또 다른 비석에서 등장한 소호

금천씨 같은 인물들이 살았던 사카 문화의 교차점이었다. 특정한 지역을 가리키며 기원을 주장하는 상황을 보면 신라가 근거 없이 북방지역의 후예임을 자처한 것이 아니라 꽤 구체적으로 생각했던 것 같다. 그러면서 관계를 맺고 싶은 지역과 적극적으로 연결고리를 만들어 자신들의 정통성을 찾으려 하지 않았을까 추측한다.

이처럼 신라인들은 자신의 기원을 스스로 만들어나갔다. 혈연관계만으로 누구의 후예라고 판단하지 않고, 스스로 이상이라고 생각하는 민족의 문화를 넓게 포용하면서 나라의 정체성을 새롭게 세웠다.

그렇다면 신라는 왜 중원문화, 즉 동아시아에서 가장 큰 나라인 중국이 아니라 북방문화를 계승했다고 생각했을까? 당시 중국이 가지고 있던 중원문화는 실체가 뚜렷하지 않았다. 신라가 본격적으로 활동하기 시작한 기원후 4세기는 한나라가 망하고 몇백 년이 지난 뒤였다. 이때 중국은 위진남북조로 갈라지고 혼란한 틈을 타 북방의 이민족들이 밀고 내려와 어려움을 겪고 있었다.

그나마 양쯔강 주변의 남조가 문화적으로 발달한 국가였으나 그 이상으로 선진 문화를 갖춘 곳은 흉노로 대표되는 북방 유목 국가였다. 게다가 남조는 백제와 서해를 사이에 두고 교류하던 파트너였다. 따라서 신라가 백제와 대립하는 상황에서 남조를 표방할 수는 없었다. 고구려와는 표면적으로 복속된 형태였지만, 내심 라이벌 의식이 있었으므로 문화를 계승한다고 하지 못했다. 즉, 주변 나라를 통틀어 자기만의 독자적인 계승 의식과 생활 방식을 강조하기 위해서 당시 가장 영향력 있었던 흉노를 표방한 게 아닐까 추측해 볼 수 있다. 지금의 시각이 아니라 4~5세기로 돌아가 상황을 판단한다면 신라인들의 가치관을 새로운 관점에서 이해할 수 있을 것이다.

4. 새롭게 발견되는
부여의 북방루트

백제는 정말 부여를 계승했을까?

삼국 중에 신라 이외의 다른 나라는 자신들의 기원을 어떻게 판단했을까? 신라는 삼국 중에 가장 늦게 탄생했고, 동남쪽으로 치우친 변방에 자리했다. 신라를 제외하고 한반도의 중앙을 차지했던 다른 나라들은 자신들의 선조를 공통적으로 부여라고 생각했다. 고구려와 백제의 건국 설화에는 북부여계에서 기원한 하늘의 후손(天孫, 천손)이 등장한다. 신라는 이들과 구분되는 선조를 주장함으로써 다른 국가에 비해 뒤처졌다는 생각과 지리적 약점을 극복하고 자존심을 세웠을 것이다.

그렇다면 부여가 어떤 나라였을지 짚고 넘어가보자. 우리나라 고대사회에는 지금까지 풀리지 않는 미스터리가 하나 있다. 바로 백제의 기원이다. 우리는 학교에서 백제를 고구려에서 내려온 비류와 온조 형제가 세웠다고 배웠다. 그들의 어머니이자 부여의 유력한 부족의 공주인 소서노는 주몽을 도와 고구려를 건설했다. 따라서 백제는 부여에서 유래했다는 것이 역사적으로 정설이었다.

그런데 신기하게도 백제 터에서는 부여 계통의 유물이 거의 발견되지 않았다. 서울특별시 석촌동에는 돌로 쌓아 만든 백제 초기 왕족들의 무덤군이 있는데, 고분의 형태나 발견된 유물 등이 모두 고구려 계통이다. 부여에서 비롯된 것은 거의 나타나지 않았다. 이런 이유로 학계에서는 백제가 부여를 계승했다는 점에 대해 늘 의문이 있었는데, 최근 이 문제를 해결할 실마리가 나타났다.

지난 2016년, 청주 오송역 근처에 생명과학단지를 조성하는 과정에서 760여 개나 되는 1,800년 전 백제의 무덤들이 발굴되었다. 그중 15지점의 17호라고 명명된 평범한 움무

오송 유적지에서 발견된 부여계 장검

덤에서 손잡이의 모양이 특이한 칼이 발견되었다. 이런 형태의 손잡이는 남한에서는 처음 발견된 것으로, 중국 지린 성에 위치한 라오허선이라는 부여의 유적에서 나온 것과 똑같았다. 부여는 현재의 중국 지린시에 해당하는 위치에 수도를 두었지만, 그 안에는 사출도라는 조직을 두고 농사와 유목을 하는 다양한 집단이 지역을 달리하며 공존했다.

라오허선 유적은 부여에서도 유목문화가 발달하고 강력한 무기를 주로 사용하던 사람들이 남긴 것이다. 이들은 말위에서도 칼을 사용할 수 있도록 돌기가 달린 손잡이를 붙였다. 부여 지역 이외에서는 전혀 발견된 적이 없던 이 칼이 뜬금없이 청주 오송의 백제 (또는 마한) 무덤에서 모습을 드러낸 것이다. 오송의 무덤에서는 이 칼을 제외하고 다른 부여 계통의 유물이 전혀 발견되지 않았다. 도대체 어쩌다 이 칼이 백제의 무덤에 들어가게 된 것일까? 그 단서는 다름 아

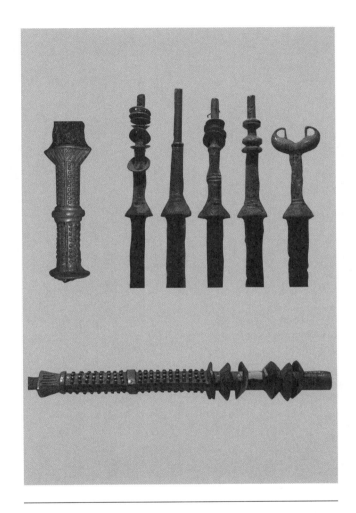

오송 유적지의 검(위편 맨 왼쪽)과 만주의 부여 유적지의 다른 검 손잡이

닌 유물 자체에 숨어 있었다.

오송의 부여 칼은 찬란한 명품과는 거리가 멀었다. 손잡이는 오래 사용해서 돌기가 반질반질하게 닳아 있었고, 칼날도 몇 번이나 바꾼 흔적이 있었다. 발견될 당시에는 손잡이 끝을 자른 다음 잘린 부분으로 칼날을 고정해 임시로 사용했을 것으로 추정되는 상태였다. 과거에 수리를 반복하며 이 칼을 오랫동안 사용했다는 뜻이다. 청주 오송 무덤은 라오허선 유적보다 축조된 시기 면에서 약 200년이 늦다. 그러니 두 무덤의 건축 시기로 어림잡아도 이 칼은 수세대에 걸쳐 사용된 것이다.

오송의 부여 칼은 백제의 무덤에서 발견되었다는 점에서 더 큰 의미가 있다. 당시 긴 칼은 무사들의 상징이었다. 무사들은 칼을 늘 옆구리에 차고 다니기 때문에 다른 형태의 칼은 일반적인 칼 사이에서 눈에 띄었을 것이다. 예컨대 조선시대에 수만 명의 무사들 가운데 단 한 명만 일본도를 차고 있다면, 다들 이상하게 생각하지 않을까? 그런데 이 칼이 오랜 기간 동안 일상적으로 사용되었다는 것은 백제 사회에서 부여 문화를 자연스럽게 받아들이고 있었다는 증거가 된다. 북방지역에서 내려온 사람들이 토착 사회를 정복한 것이 아니라 현지 사회에 정착해 그 일부가 되었다는 뜻이기 때문이다. 단, 초기에는 거대한 무리가 내려왔다기보다 이민자 수준으로 소규모 인원만 내려왔을 것으로 추측한다.

그렇게 고구려와 부여에서 내려온 일파들은 현지에 동화되면서 자신들의 뿌리가 북쪽에 있음을 잊지 않고 살았다. 이후 그들은 백제의 핵심 세력 중 하나가 되면서 백제 건국 신화의 주인공으로 등장했다. 여러 문헌에 복잡하게 기록된 백제의 북방기원 신화는 북쪽에서 온 이주민들이 한강 유역으로 내려와 현지화되며 공존하는 과정이었다.

백제로 내려온 부여인들

드물지만 백제 유적에서 부여계 유물이 발견된 것은 청주 오송이 처음은 아니었다. 김포 운양동과 풍납동 백제 왕성 유적에서도 부여계 유물이 발견된 적이 있다. 두 유적지에서 발견된 대표적인 유물은 귀걸이다. 김포 운양동은 바다와 맞닿은 곳으로, 기록에도 백제 초기의 명칭을 십제十濟라고 지어 많은 사람이 바다를 건너왔다는 내용이 남아 있으므로 김포 지역 부여 계통의 유물이 많은 것은 결코 우연이 아닐 것이다. 십제란 '열 개의 무리가 물을 건너와서 만든 나라'라는 의미로 백제의 건국 초기 국호였다. 앞으로 더 많은 사료가 나와야 하겠지만 이제까지 거의 증거 없이 기록에만 화석처럼 남아 있던 부여계의 북방 문화가 하나씩 확인되고 있다는 점은 주목할 만하다.

문헌에는 백제나 고구려인 들이 부여에서 내려왔다고 간략하게 언급된다. 하지만 그런 기록만으로 수많은 이주민이 물밀 듯이 내려왔다고 볼 수는 없다. 장거리를 이동한 사람도 있었겠지만, 대부분은 조금씩 지역을 옮기며 기반을 잡고 기존 토착민과 협력해 생존하고 번성하기 때문이다. 어느 지역이든 새로운 민족이 유입되고 토착민과 잘 어우러지기까지는 오랜 시간이 걸린다. 청주 오송의 유물은 우리에게 부여 계통의 북방계 주민이 실제로 백제 지역에 살았다는 것보다 더 중요한 사실을 시사한다. 그들을 기꺼이 받아준 현지 사회가 존재했다는 점이다.

이와 같은 개방성은 현대사회에서도 여전히 중요하다. 미국의 제44대 대통령 버락 오바마를 생각해보자. 그는 미국 최초의 흑인계 대통령으로, 그의 아버지는 케냐 출신이었다. 케냐는 수십 개의 부족이 얽혀 있는 복합 국가다. 그의 어머니는 영국 출신으로, 이 나라 역시 역사적으로 웨일스, 스코틀랜드, 독일, 스위스 등 다양한 국가의 문화가 섞여 있다. 게다가 오바마 대통령은 인도네시아 출신의 양부에게 보살핌을 받으며 자라났다. 이런 배경을 가진 그를 혈연으로 규정하는 것은 불가능하다. 그가 케냐가 아니라 흑인을 대표한 것은 21세기 미국 사회가 그에게 요구한 바였고, 시대의 부름에 적응한 오바마는 미국의 대통령이 되었다.

이렇듯 자신의 계통과 선조는 여권처럼 주어지는 것이 아니라 스스로 선택하는 것이다. 자신을 이룬 수많은 문화와 혈연이라는 배경에서 자기에게 가장 적합하고 필요한 선조를 택함으로써 현실 속 자신의 삶을 더욱 굳건하게 만들어갈 수 있다.

백제를 대표하는 신화가 된 부여

백제로 이주한 부여계의 사람들은 광활한 부여에서도 서쪽의 유목문화를 만들고 지켜오던 사람들이었다. 오송에서 출토된 칼이 적어도 6~7대가 이어지는 동안 계속해서 사용되었다는 점으로 미루어, 이들은 부여 출신이라는 소속감을 지니고 백제 사회에서 나름의 구심점 역할을 했을 것으로 추측된다.

이제까지 역사학계에서는 백제가 부여를 서기 3세기 후반 즈음 계승했다고 보았다. 그때쯤에 백제의 왕과 귀족이 부여계라는 것을 공식화했다는 뜻이다. 하지만 이전에도 일부 부여인들이 남하했고, 자연스럽게 동화되어갔을 것이다. 국가의 공인만으로 한 민족이 다른 사회에 녹아든다는 것은 어불성설이기 때문이다. 부여계 신화는 다양한 민족이 모여 백제를 형성하고, 각자의 독자적인 세력을 만들어 협력하는 과정에서 등장했다. 특히 부여와 고구려를 계승했다고 자처한 집단이 이후 백제 사회의 형성에 크게 이바지하면서 그 정체성은 백제 전체로 확대되었다.

이처럼 고고학은 유물을 기반으로 전혀 예상하지 못했던 주변 지역과의 교류를 보여준다. 나는 고고학자로서 한반도가 마치 용광로 같다고 자주 생각한다. 한반도라고 하는 지리적 환경은 변하지 않는데, 이 작은 땅에서 대륙과 바다를 통로로 다양한 문화의 사람들이 오간다. 그 속에서 우리는 지금의 문화를 구축했다. 한반도는 대륙 끝의 동떨어진 땅처럼 보이지만 고립되지 않고 끊임없이 교류하고 이주하며 지금까지 이어졌다.

흔히 한반도를 단일민족이라고 생각하는 사람들이 있다. 하지만 다른 나라와 문화적·외교적으로 단절한 채 고유의 문화를 지키는 게 정말 옳은 일일까? 오히려 다른 국가와 교류하면서 지리 환경에 맞춘 덕분에 얻은 적응력을 자랑스럽게 생각해야 하지 않을까?

청주 오송의 부여 칼은 한반도가 오랜 시간 다양한 지역과 교류했음을 증명하는 소통의 흔적이다. 삼국시대의 여러 나라가 북방지역에서 비롯된 기원을 강조한 것은 당시 지배자들의 이데올로기와 통치 의지가 강하게 반영된 것이지, 한국인의 전체 문화로 치환할 수는 없다. 오송의 칼이 증명하듯 그러한 신화의 시작은 작은 집단의 소속감에서 시작되었을 가능성이 크다. 한두 개의 사료만을 기준으로 집단의 기원을 따진다면 마치 장님 코끼리 만지듯 우리의 '기원지'는 달라질 것이다. 그리고 한국의 기원을 찾는 작업도 요원할 것이다.

기원은 '순수'한 자신만의 고립된 혈통이나 문화가 아니다. 주변과의 교류를 무시하고 오로지 스스로의 힘만으로 국가를 세우고 발전해왔다는 것은 아무런 의미가 없다. 한 민족이 가진 힘은 주변과 단절된 순수함이 아니라 끊임없이 움직이며 지리 환경에 맞게 적응한 생존력에 있다. 수천 년 동안 한반도로 유입된 수많은 문화 가운데 지리적 환경에 적응하지 못한 것이 있다면 결국은 정착하지 못한 채 사라졌을 것이다. 그렇게 거대한 용광로와 같이 교류하고 번성하는 그 과정이 우리가 그토록 찾는 한민족의 기원이다.

우리의 역사는 멀리 볼수록 자세하게 보인다. 코로나19 팬데믹으로 다른 나라에 가기가 어려워진 몇 년 사이, 다른 나라와의 교류는 더욱 소중해졌다. 하지만 돌이켜 생각해보면 수십 년 전만 해도 다른 나라에 가는 일은 굉장히 어려웠다. 더 거슬러 올라가 조선시대, 고려시대, 고대시대에는 대부분의 사람들이 국가와 마을에 묶여 고립된 채 살아갔다. 이러한 고립성을 뚫고 주변 지역의 정보를 얻기 위해 인적 교류를 한다는 것은 어쩌면 목숨까지 걸어야 하는 모험이었고, 인류는 그 모험심 덕분에 발전해왔다. 우리의 살아 있는 역사는 우리가 끊임없이 주변 지역과 부딪히며 살아냈다는 것을 증명한다.

코로나19라는 희대의 재앙이 종식되고 이제 다시 세계
가 열린다면 우리는 그동안 당연하게 여겼던 교류가 더욱
소중하다는 사실을 깨닫게 될 것이다.

3장

우리도 모르는
우리의 숨겨진 이야기

— 동해

한반도의 절반인 동해안과 남북으로 이어지는 백두대간,
여기에는 우리가 잊고 있던 우리 역사의 절반이 숨겨져 있다.

1. 또 다른 역사의 반쪽
환동해를 찾아서

환동해란 어디일까?

동해는 우리나라 동쪽에 위치한 바다로 러시아와 일본, 대한민국 영토로 둘러싸인 해역이다. 높은 산과 맞닿은 깊고 푸른 바다, 곧게 이어진 해안선, 강릉과 경포대 같은 관광지가 대표적인 이미지이며, 외교적으로는 일본과의 분쟁 지역이라고 인식되기도 한다.

한반도의 서쪽 지역과는 달리 동해는 좁은 평야 바로 뒤편에 태백산맥이 가로막고 있는데, 그러다 보니 이 지역에서만 잡히는 생선이나 산에서 채취한 산나물이 특산품이 되었다. 동해안의 독특한 지리환경은 태곳적부터 내려왔으므로 여기에서 살던 사람들도 한반도의 다른 지역과는 다소 차별화된 방식으로 살아남았다.

동해안 지역에는 널따란 평야가 거의 없다. 기껏해야 두만강 유역과 함흥 일대에 간신히 농사를 지을 만한 좁은 평야가 있을 뿐이다. 그러니 농사만으로는 식량을 확보하기 어려운 데다 날씨도 무척 추워 논에 쌀을 재배하기도 쉽지 않다. 이런 지리환경은 동해안을 따라 함경남북도로 이어진다.

이곳에서는 선사시대부터 쌀 대신 잡곡을 농사지었고, 험준한 지형을 이용한 사냥과 채집이 발달했다. 태백산맥이 끝나는 지점에는 장백산맥이 위치해 한반도와 만주지역을 가른다. 북쪽으로는 연해주의 시호테알린산맥이 또 하나의 경계를 이룬다. 바다에서는 동해를 끼고 적도 근방에서 올라오는 쿠로시오 난류의 지류인 쓰시마 난류와 베링해협을 따라 흘러들어오는 리만 한류의 지류인 북한 한류가 교차한다.

이 모든 지역을 아우르는 명칭이 바로 환동해다. 환동해는 정확히 말하자면 북한의 남쪽, 일본의 서쪽, 중국의 동북

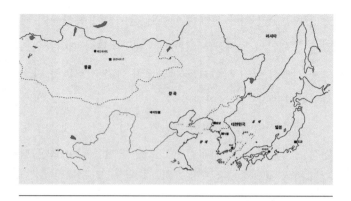

동아시아의 지도

부, 러시아의 극동이 감싸고 있는 동해 권역을 통틀어 이르는 말이다. 위의 지도를 보자.

흔히 북방이라고 하면 고조선이나 만주 초원을 생각하기 마련이지만, 백두대간의 동쪽에서 연해주까지 남북으로 길게 이어지는 동해안 일대 역시 우리가 잊어버린 우리 역사의 반쪽인 셈이다. 이 지역에서 떠오르는 나라가 있는가? 북한과 대한민국의 동해안을 따라서 이어지는 지역에는 어떤 국가가 자리했을까?

역사에 관심이 있는 사람이라 하더라도 고대에 이 지역이 우리 땅이었을 것이라고 짐작만 할 뿐, 실제로 이곳에서 어떤 문화가 탄생했으며 어떤 사람들이 살았는지는 잘 모른다. 이 지역은 험준한 산과 깊은 바다라는 지형적인 제약으로 오래전부터 접근이 쉽지 않았다. 연해주를 따라 이어진 시호테알린산맥은 시베리아 호랑이가 자주 출몰해 인간이 살기는 매우 어려웠다. 이 산맥은 한반도로 이어져 북한의 개마고원을 따라 태백산맥, 그리고 동해안 끝까지 걸쳐 있다.

환동해 지역은 한반도에서 평원이 넓게 펼쳐진 서쪽 지

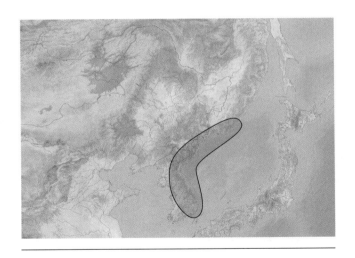

환동해 지역의 위치

역과는 달리 왼쪽은 험준한 산으로 오른쪽은 바다로 가로 막혀 있기 때문에 서해안이나 남해안 지역과는 아주 다른 독자적인 경제·문화를 형성하게 되었다.

이곳에는 여러 국가가 세워졌는데 부여의 동남쪽, 두만강까지는 '옥저'가, 더 북쪽에는 '읍루'라는 나라의 사람들이 살았다. 읍루는 교과서에도 거의 등장하지 않는 숨겨진 지역으로, 역사에 웬만큼 관심이 있는 사람에게도 생소한 국가다. 이는 우리가 환동해 지역을 잘 모르고 있다는 증거지만, 고대에도 읍루는 지역적인 제약으로 상당히 소외돼 있었다.

그렇다면 지리적 관점에서 이 지역을 깊게 살펴보자. 선사시대의 생활을 가늠할 수 있는 대표적인 유적으로는 조개무지(패총)가 있지만, 한반도의 동북 지역에서는 조개무지가 발견되지 않는다. 두만강 일대에 일부가 있을 뿐이다. 이곳은 해안선이 잘 발달되지 않고 수심이 깊어 조개류가 적기 때문이다. 어족자원 역시 타지역과 달리 연어와 같은 회유성 어류가 주를 이룬다. 봄여름에 걸쳐 바다에서 살을 찌운 연어는 초가을이 되면 강을 거슬러 동해안 일대로 올라온다. 동해 지역은 전통적으로 늦여름과 가을에 밀려오는 연어 떼가 주요한 생계 수단이었다. 연어는 훌륭한 식량자원이었을 뿐 아니라 기름 및 껍데기를 활용한 월동 준비물로도 쓰였다.

환동해는 지리적으로 한반도나 만주와도 구분된 상태로 고립되었다. 아무르강 하류에서 연해주에 이르는 지역의 시호테알린산맥, 장백산맥 및 현재의 평안남북도와 함경도를 가르는 낭림산맥과 태백산맥으로 이어지는 험준한 산악지형이 고도로 발달했기 때문이었다. 해안선에 가깝게 산악지형이 발달하고 평야가 발달되지 않은 탓에 최근까지도 화전민이 남아 있을 정도였다.

다른 국가와 교류할 때 동해안을 따라서 남북으로는 오고 가기는 그마나 수월했지만, 동서로는 움직이기가 어려웠다. 그러다 보니 고대 삼국시대가 강원도에서 함경남북도와 연해주에 이르는 동해안 일대까지 널리 퍼지기는 어려웠다. 연해주와 두만강 유역은 고구려가 '책성柵城'이라는 성을 만들고 관할 지역으로 삼았으나 정작 고구려 계통의 유물이 거의 발견되지 않은 것으로 보아 현지 주민들이 자치적으로 살았을 확률이 높다.

연해주-함경북도 지역이 국가에 편입된 것은 발해가 이

지역으로 세력을 확장할 때였다. 그전까지는 옥저, 읍루, 동예 등의 세력이 각 지역을 점령하고 독자적으로 살았다. 강원도 지역도 백제, 고구려, 신라 등이 순차적으로 세력을 확장했지만, 그 영향이 크지는 않았다. 하지만 이 지역은 근대에 이르기까지 교통의 요충지였다.

다음 장의 사진을 살펴보자. 이 사진은 중국에서 북한을 바라보는 방향으로 두만강 유역을 찍은 것이다. 사진 가운데를 가로지르는 다리는 북한에서 러시아로 넘어가는 철로이며 왼쪽에 보이는 건물은 중국 측 초소다. 이 사진 한 장에는 중국과 북한, 러시아가 모두 담겨 있다. 철교에서 시작해 동해까지 이어지는 거리는 약 17킬로미터다.

사진의 좁은 지역은 중국이 차지하지 못해 땅을 치고 후회하는 곳이다. 1860년, 중국은 베이징 조약을 체결하면서 이 땅을 러시아에 넘겼다. 이후로 중국은 남쪽으로는 북한, 오른쪽으로는 러시아에 막혀서 태평양으로 나갈 수 없게 되었다. 결국 중국은 태평양으로 나가기 위해 서해안을 거쳐 대마도 해협을 지나 돌아가는 길을 사용할 수밖에 없었다. 반면 한국은 중국에 가로막히지 않고 유라시아 지역으로 직접 통하는 통로를 얻게 되었다. 한국이 중국을 거치지 않고 유라시아로 나아가는 철도를 만들자는 계획을 구상할 수 있는 것도 이때문이다.

고작 17킬로미터밖에 되지 않는 지역 때문에 각국의 이해관계가 이렇게 복잡해졌다는 사실이 놀랍지 않은가? 한반도의 끝자락 두만강 유역은 태평양이라는 광활한 세계와 맞닿기 위한 병목과 같은 역할을 하는 핵심지임에도 아직 이곳에 대해 밝혀진 것은 많지 않다. 다만 과거에도 지금과 마찬가지로 교통의 요지로 여겨지지 않았을까 추측할 뿐이다.

이처럼 중요한 지정학적 가치를 가진 이곳에는 어떤 역사가 있을까? 다시 앞의 지도를 살펴보자. 동해안을 따라 솟아오른 산맥이 육지 쪽을 막고 있다 보니 서쪽으로 진출하기는 쉽지 않았다. 수천 년 전뿐 아니라 불과 몇십 년 전까지도 대관령이나 미시령을 넘어갈 때는 꼬불꼬불한 산길을 따라 높은 산을 올라야만 바다로 나갈 수 있었다. 그러다 보니 산맥은 지역을 나누는 자연적 경계가 되었다. 한반도에서 함경도와 강원도, 경상도로 이어지는 긴 구역은 중국과 가장 먼 곳이기 때문에 중국의 영향을 전혀 받지 않은 독자적인 문화가 발전하게 되었다.

두만강 유역의 북한과 중국의 국경 지대

환동해와 시베리아의 연결고리, 암각화

　지금껏 알려지지 않았던 환동해의 역사는 최근 고고학 연구로 속속 드러나고 있다. 환동해 지역은 역사책에서 배운 지식만으로는 제대로 알 수 없다. 고고학 자료로 이들의 독특한 삶의 방식을 이해할 때에야 비로소 역사의 공백이 메워진다.

　이런 내용은 역사 기록에는 남아 있지 않다. 고고학 유적과 유물을 연구해 유추한 것이다. 이것이 한반도의 뿌리를 찾아가는 여정에 하나의 열쇠가 되어준다.

　그중에서도 선사시대의 대표적인 유적은 울주 반구대와 천전리 암각화다. 이것은 울산의 동해안 해안가에서 발견되었다. 우리나라는 물론 만주나 일본에서도 이 정도로 거대한 암각화는 발견된 적이 없었다. 세계적으로 유일무이한 이 암각화는 환동해라는 독특한 자연환경에서 등장했다.

　둘 중 먼저 발견된 것은 천전리 암각화였다. 1970년 12월 25일에 불교 유적을 조사하던 동국대학교 연구팀이 이 암각화를 발견했다. 그리고 그다음 해 1971년 12월 25일, 같은 연구팀은 마을 주민들로부터 또 다른 바위에서 호랑이 그림을 찾아냈다는 제보를 받았다. 선사시대 예술을 대표하는 울주 반구대 암각화가 발견된 순간이다. 두 번에 걸친 크리스마스의 기적으로 한국의 선사시대 연구는 새로운 국면으로 접어들었다.

암각화는 초원을 대표하는 선사시대 예술이다. 알타이 초원, 중앙아시아, 내몽고 등 초원 지역에서는 바위에 사슴, 전사 등을 빽빽이 새긴 암각화가 다수 발견되었지만, 만주와 한반도로 내려오면서 암각화는 거짓말같이 사라졌다. 고인돌 바위 그림이 발견된 적은 있지만, 초원 지역과는 비교도 되지 않을 정도로 크기도 작고 수도 적었다.

그런 점에서 반구대 암각화는 전 세계 암각화 연구자들에게 큰 미스터리를 남겼다. 초원에서 수천 킬로미터 떨어진 바닷가에서 이토록 거대한 암각화가 나올 것이라고는 상상조차 할 수 없었기 때문이다. 반구대 암각화에는 초원 지역 암각화에는 없는 독특한 특징이 있다. 생동감 있는 포경 묘사가 그것이다. 북쪽의 캄차카반도에서 시작해 울산까지 이어지는 지역에는 고래잡이를 생업으로 하는 사람이 많았다. 암각화가 동해안 지역에서만 발견되었다는 것도 이런 독자적인 문화의 한 가지 특징일 것이다.

반구대의 그림에는 주목할 만한 요소가 있다. 암각화 윗부분에 새긴 조각배다. 반구대의 고래는 수차례 다큐멘터리로 제작되는 등 여러 방송에서 다뤄졌지만, 이 조각배는 거의 주목받지 못했다. 처음에는 그저 포경선이라고 생각했던 배 주변에는 고래가 아닌 육지 동물들이 그려져 있다. 이와 유사한 예는 알타이의 칼박타쉬나 카자흐스탄, 하카시야 등에도 나타나는데 배와 사람이 한 덩어리로 표현되어 마치 태양의 빛무리를 보는 듯하다. 러시아의 암각화 전문가인 블라디미르 쿠바레프 교수는 이 그림이 태양과 관련된 천문학적 기호이며, 기원전 4000년에서 3000년 사이에 고대 이집트의 태양신화가 시베리아로 들어온 증거라고 보았다. 이 그림은 서쪽으로는 스칸디나비아반도에서 동쪽으로는 아무르강, 북쪽으로는 베링해의 추코트카까지 곳곳에서 나타나는데, 반구대를 포함하면 남쪽 경계는 울산이 되는 셈이다.

　그렇다면 들짐승 사냥과 고래잡이 장면이 함께 등장하는 전 세계에 유례없는 반구대 암각화는 누가 새긴 것일까?

　반구대에 표현된 사람 중에는 무릎을 굽히고 두 손을 얼굴로 감싸고 있는 인물이 있다. 흔히 '춤추는 사람'이라 불리

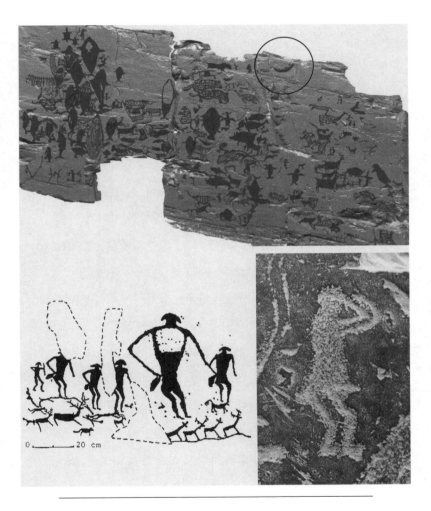

울주 반구대 암각화(위)와 알타이 칼박타시의 암각화(아래)

는 이 인물상은 알타이와 남부 시베리아의 스키타이 시대 암각화에서 공통적으로 나타난다. 그 외에도 몸에 점이 박힌 표범이나 뿔이 달린 사슴, 활로 짐승을 사냥하는 사냥꾼 등 초원 지역 암각화와 반구대 암각화에는 우연의 일치라고 보기에는 어려울 만큼 비슷한 요소가 많다.

그렇다고 반구대 암각화를 남긴 이들이 초원에서 왔다고 결론 내리기에는 고래나 호랑이, 곰, 족제비, 토끼 등 초원 암각화에는 없는 요소도 상당히 많이 등장한다. 게다가 이웃한 천전리 암각화에는 사실적인 묘사 없이 기하학적인 패턴만 표현되어 있다는 점도 미스터리다.

반구대 암각화에는 사람의 얼굴을 독특하게 삼각형으로 표현했다. 이 얼굴은 환동해를 따라 극동지역에서 흔하게 보이는 형태다. 환동해 지역은 후기 구석기시대 이래로 동해안을 연접하고 백두대간으로 자연적인 경계를 이루어 독특한 문화가 형성되어 왔다. 특히 초기 철기시대에는 옥저와 읍루 세력이 이 지역을 양분하며 자신들만의 독자적인 문화를 형성했다. 당시 문명과 사회상, 문화 등을 유물을 보며 하나씩 유추해보자.

다음 그림을 보자. 1번 유물은 중국 옌지의 소영자라고

동아시아 지역의 인물을 표현한 유물들
(1번은 연길, 2,3번은 울주 암각화, 4번은 러시아 극동지역의 여신상)

하는 유적에서 발견된 사람의 얼굴을 새겨 넣은 비녀다. 예전 국사 교과서에는 이 사진이 자주 실렸을 정도로 매우 유명한 유물이다. 4번 유물은 그보다 더 북쪽인 사할린 앞바다로 이어지는 헤이룽강, 즉 아무르강에서 발견된 것이다. 소위 '아무르의 비너스'라고도 불린다. 이 지역에서 발견된 사람들은 눈이 작고 옆으로 길게 퍼져 있다는 공통점이 있다. 또한 코가 낮고 입술도 작아서 전통적인 아시아인과 흡사하다.

울주에서부터 옌지와 아무르까지는 비행기로도 한두 시간 이상 가야 하는 먼 지역이다. 그런데도 그들은 생김새에서 공통점을 갖고 있었다. 아마도 남북으로 언어나 민족성 면에서 이어져 있지 않았을까 추측할 만한 대목이다. 이들은 실제로 고아시아족으로 묶이는데, 아시아에 빙하기 때부터 살고 있었던 사람들로 산맥으로 가로막힌 동해안 지역의 전통을 오랫동안 잘 지켜왔다.

이처럼 환동해 지역의 인면상의 일반적인 특징은 러시아 학자 알렉세이 오클라드니코브가 이야기한 것처럼 현재 이 지역의 소수민족인 나나이족의 예술품 및 형질적 특성과 유사하다. 극동지역의 시카치-알리안 인면상과는 확연한 차

시카치-알리안 인면상 모음

이를 보인다.

이렇게 수천 년간을 잇는 이 지역의 유물들은 랴오둥에서 송화강 일대의 인면상과 구분된다. 이러한 특징은 민족학 및 역사언어학에서 분류되는 퉁구스(예맥)와 고아시아 계통의 차이로 볼 수 있다.

북극해와 한반도의 고래사냥꾼

반구대에 나타난 고래잡이 그림으로 과거 환동해 지역의 역사를 더 세밀하게 살펴보자. 반구대 암각화를 가리켜 세계 최고最古의 고래잡이 암각화라고 주장하는 사람도 있지만, 이는 사실과 다르다. 아시아에서만 해도 1965년에 러시아 추코트카반도 끝 페그티멜강 유역에서 고래사냥 암각화가 발견된 적이 있다. 이 암각화에는 버섯 모양의 모자를 쓴 사람들이 배를 타고 고래사냥을 하는 장면이 묘사되어 있다.

구소련의 고고학자 니콜라이 디코프는 추코트카 근방을 수년간 조사한 끝에 1971년에 종합보고서를 간행했다. 그

러시아 추코트카반도의 페그티멜 암각화

결과는 놀라웠다. 이 지역 암각화에 사용된 표현 기법 중 상당수가 알타이 지역의 그림에서도 유사하게 나타났기 때문이다. 북극해 끝자락에 난데없이 등장한 고래 사냥꾼이 스키타이 계통이라는 놀라운 발견은 소련 고고학계의 큰 화제가 되었다. 페그티멜 암각화에는 순록도 많이 묘사되어 있는데, 북극해의 고래 사냥꾼들은 순록을 키워 생계를 꾸렸다. 울산과 추코트카처럼 지리적으로 동떨어진 두 지역에서 비슷한 시기에 비슷한 내용을 담은 암각화가 등장한다는 것은 고고학계에 매우 흥미로운 주제였다.

다만 초원 지역과 고래사냥의 관계성은 아직 찾지 못했다. 수많은 의문이 꼬리를 물지만 분명한 사실은 암각화로 고래잡이를 새긴 것이 비단 한국만의 현상은 아니라는 점이다. 추코트카 페그티멜 암각화는 비교 연구의 중요성을 상징적으로 보여주는 단적인 예다.

암각화 연구에서는 정확한 연대를 파악하는 것이 가장 어렵지만, 보통은 돌을 파내는 기법이나 도구 등으로 대략적인 연대를 가늠한다. 선사시대에는 돌로, 중세 이후에는 단단한 쇠로 날카롭게 파냈다고 파악하는 것이다. 그다음 방법으로는 암각화에 표현된 동물이나 무기 등을 근처에서 발굴된 유물과 비교하는 것이다. 알타이에서는 암각화에 새겨진 무사의 동검이나 도끼를 실제 고분에서 발굴하는 경우도 많았다. 하지만 대부분의 암각화는 오랜 시기에 걸쳐 그림이 덧붙으며 완성되므로 정확한 연대를 특정하기는 쉽지 않다.

반구대 암각화 역시 몇 번에 걸쳐 그림이 추가된 흔적이 남아 있어 제작 연대에 대한 의견이 분분하다. 혹자는 신석기시대에 만들어졌다고 하는 반면, 또 다른 연구자는 청동기시대의 것이라고 주장한다. 다만 반구대에 표현된 초원 지역 요소들은 대체로 기원전 10~6세기에 만들어졌다는 것이 정설이다. 이 시기 한반도는 논농사를 시작하고, 비파형 동검을 제작한 청동기시대였다.

그 당시 울산 지역에는 다양한 사람들이 복잡하게 얽혀 살았다. 지난 10여 년 동안 이 부근에서 조사된 청동기 집터만 3,000여 곳에 육박한다. 지금도 울산 인근에서는 유적지가 드러나면 거의 빠짐없이 청동기시대 주거지가 발견되어 남한 유적 중에서는 독보적으로 인구밀도가 높다. 그중에서도 울산식 주거지의 연대는 기원전 8~5세기 정도로 암각화에 새겨진 초원 요소의 연대와 대체로 맞아떨어진다.

그렇다면 반구대 암각화는 거주하기 좋은 환경을 찾기 위해 환동해를 따라 남하한 북방 초원 사람들이 만들었을 가능성이 크다. 보통 암각화는 의례를 지내던 성소에 제작하므로, 주변에서 다른 유적이나 유물이 함께 발견되는 경우가 흔하다. 앞으로 물속에 잠긴 반구대와 그 주변의 정밀 조사가 진행된다면 아직 해결되지 않은 여러 의문이 풀릴지도 모르겠다. 또 초원과 반구대 사이의 공간적 차이를 메우는 또 다른 유적의 발견도 기대해볼 만하다. 사냥을 주업으로 했던 주민들이 북쪽에서 남쪽으로 이동했다면 백두대간을 타고 내려왔을 것이므로 동해안을 따라 새로운 암각화 자료가 나오기를 기대해본다.

환동해 지역의 사라진 역사, 옥저와 읍루

21세기로 들어서면서 중국 중심의 역사 해석 문제가 갈수록 심해지고 있다. 한국에서는 동북공정이라는 단일 문제로 나타났지만, 실제로는 전 동북아시아의 역사 인식과 직결돼 문제가 매우 심각하다. 중국이 역사 왜곡으로 얻으

려는 결과는 전 세계 학자들에게 '동북아시아=중국'이라는 인식을 은연중에 심는 것이다. 이러한 상황에서 독자적으로 존재했던 환동해의 한국 고대 문화를 증명하면 중국 중심의 역사관을 탈피할 수 있으며, 새로운 시각에서 동북아시아를 바라보는 단초를 제공하게 된다.

남한의 역사는 한반도로만 한정되지 않는다. 고구려, 발해, 부여, 옥저, 읍루와 같이 수많은 국가가 북한 및 만주 일대와 함께 묶여 있다. 우리 역사 최초의 국가였던 고조선이 성장하고, 멸망하는 과정에서 한반도와 만주 일대는 다양한 집단과 국가로 분리되었다. 남한과 달리 북방의 여러 민족은 이름만 알려져 있을 뿐 아직까지도 제대로 실체를 파악하는 연구조차 거의 진행되지 않았다.

그 잊힌 역사 중에 옥저와 읍루가 있다. 고구려와 부여에서 갈라져 나온 옥저, 발해의 기층을 이루었던 말갈은 한국의 고고학과 고대사의 일부분임에도 거의 다루어지지 않았다. 옥저와 읍루 같은 북방민족들의 역사는 '변방'으로 치부되었고, 한국사 연구에서도 매우 소외되었다. 하지만 고고학 자료가 다수 발굴되면서 북방 지역의 여러 집단에 대한 새로운 사실들이 밝혀졌다. 옥저와 읍루의 고고학 자료는 러시아, 중국, 북한 등 우리가 쉽게 가볼 수 없는 지역에서 주로 발견되었다.

잊힌 나라인 옥저와 읍루를 다시 보는 것은 단순히 과거의 한 페이지를 여는 데서 끝나지 않는다. 그곳은 통일 이후 우리의 역사를 새롭게 닦기 위한 기반이기도 하다. 함경도와 강원도는 한반도의 척추에 해당하는 백두대간을 따라 북한을 거쳐 북방 유라시아와 이어지는 환동해 지역 교류의 중심이었다. 청동기시대 이래로 이곳은 한국과 유라시아를 잇는 고대 문화의 핵심 통로였다.

이 루트는 바로 유라시아 철도가 이어지는 길이기도 했다. 함경남북도를 거쳐서 러시아의 국경도시 하산을 거쳐 우수리강과 아무르강을 따라 이어지는 철도는 바로 옥저, 읍루가 존재했던 지역을 지나간다. 현재 러시아의 극동 지역이다. 이곳이 오래전부터 한국사의 일부였다는 사실은 옥저와 읍루가 증명한다. 따라서 그곳의 이야기는 21세기에 끊어진 남한과 대륙이 2,000년 전부터 교류했다는 증거로써 의미가 있다. 환동해 지역을 대표하는 거대 국가인 발해는 갑자기 등장한 것이 아니었다. 발해 이전부터 이 지역에 살던 사람들이 기반을 닦아두었기에 발해도 등장할 수 있었다.

최근 한국과 동아시아의 역사 갈등은 쉽게 봉합되지 않고 계속 이어지고 있다. 우리는 한국의 독자적인 역사를 강조하고, 중국은 자국 중심으로 동아시아 곳곳을 재해석한다. 국제적으로 한국사에 대한 관심이 높아진 지금, 잠깐만 시간을 들여 생각해보자. 과연 우리는 우리의 역사를 제대로 알고 있는가? 그렇지 않다. 고대사 연구는 백제와 신라에 집중되어 있다. 최근 고구려나 발해 관련 전공자들도 많이 늘었지만, 여전히 극히 일부에 불과하다.

하물며 옥저나 읍루, 부여와 같은 북방민족의 역사는 더말할 것도 없다. 환동해의 옥저와 읍루가 우리 역사에서 소외된 이유는 우리도 부지불식간에 중국 중심의 역사 인식에 영향을 받았기 때문이다. 동아시아의 모든 선진 문화를 한나라와 낙랑군으로 대표되는 중국 역사의 연장선으로 보는 중화적인 관점에서 환동해 지역과 강원도는 변방일 수밖에 없었다.

우리의 역사에서 제대로 평가받지 못하는 국가는 옥저와 읍루뿐만이 아니다. 북방의 한대 지역에서 부여와 같은 거대한 성터와 집단을 이루었던 두막루, 함경남도의 동예,

700년 넘게 거대 국가로 성장했지만 여전히 미지의 나라인 부여, 그리고 강원도에 존재했던 예맥과 말갈 등도 여기에 포함된다.

소외된 민족과 나라가 유독 북방에 모여 있는 이유는 그동안 한국사에 존재했던 남한 위주의 역사관에 그 원인이 있다.

더 깊게는 분단이라는 현대사의 아픔, 그리고 러시아와 중국이라고 하는 거대 국가의 장벽도 큰 이유였다. 그렇기에 옥저와 읍루를 다시 보는 것은 단순히 과거의 역사를 복원하는 것을 넘어 우리의 역사를 거시적으로 관조함으로써 주변국과의 역사 갈등에서 벗어나 새로운 차원을 여는 첫 단추가 될 것이다.

이 책을 준비하는 지금 전 세계는 코로나의 광풍으로 몇 년간 크게 흔들린 사회를 재정비하고 다시 나아갈 준비를 하고 있다. 하지만 쉽게 갈 수 있었던 연해주와 연변으로 가는 길은 여전히 묶여 있다. 언젠가는 다시 우리의 역사를 찾아 북방 지역을 갈 수 있는 날이 열릴 것이다. 다시 남북한 철도가 연결되고 두만강을 따라 유라시아로 갈 날이 올 것이다. 유라시아 열차는 통일된 남북을 지나 옥저와 읍루가 머물렀던 땅을 밟게 될 것이다. 그런 점에서 옥저는 단순히 고대의 잊힌 역사가 아니라 지금 우리가 유라시아로 가는 길목의 살아 있는 역사이기도 하다.

2. 읍루, 너무 늦게 발견한
동해의 역사

동해안의 강력한 사냥꾼

〈최종병기 활〉이라는 영화가 있다. 이 영화에서 주인공 중 한 명으로 등장하는 쥬신타는 여진족 출신의 청나라 장수다. 천만 관객을 동원한 〈신과 함께〉라는 영화에도 여진 족이 등장한다. 주인공 중 한 명인 해원맥은 전생에 변방에서 장수로 활약하다가 여진족의 아이들을 데려다가 키우게 된다. 두 영화에는 모두 변방의 오랑캐라고 하면 가장 먼저 떠오르는 지역, 함경도 일대가 배경으로 나오며 그 지역에 살았던 여진족이 등장한다.

여진족의 선조는 환동해의 북쪽 지역에 살았던 읍루 민족이다. 읍루는 발해에 복속되어 있던 말갈족이 세운 나라로 사냥을 업으로 삼아 생활을 영위했다. 원래는 고구려에 속해 있었지만, 고구려가 멸망하면서부터는 발해의 지배를 받게 되었다. 이곳은 처음에는 읍루로 불리다가 나중에는 말갈로 호칭이 바뀌었다. 후기에는 여진족으로 불리게 되었는데 이 무렵에는 세력을 키워 조선의 국경과도 맞닿게 되었다.

옛날에는 지금처럼 국경이 명확하지 않아서 같은 지역에서도 여러 부족이 섞여 사는 일이 흔했고, 편하게 산과 들을 오가며 사냥을 하거나 농사를 짓기도 했다. 그러다 보니 읍루인들 역시 어느 때는 한반도의 역사에 편입되었다가 어느 때는 외부인이 되기도 하는 등 독특한 흐름을 보이게 되었다.

여진족은 얼핏 생각하는 것처럼 미개한 종족이 아니었다. 그들은 오랫동안 명맥을 유지하며 문화를 발전시키면서 중국을 두 번이나 지배하기도 했다. 첫 번째는 12세기에 요나라를 쳐서 정복하고 금나라를 세웠는데, 이때 한반도를 차지하던 고려도 금나라에 조공을 바치게 되었다. 두 번째는 16세기 말에서 17세기 초에 명나라와 조선의 힘이 약해진 틈을 타 전쟁을 일으키고 청나라를 세웠다. 당시 조선을 공격했던 전쟁이 그 유명한 병자호란이다.

바로 그 대국을 건설했던 사람들의 발자취가 두만강 유역 건너편 환동해 지역을 따라서 발달해 있었다. 북방 지역은 산이 많고 날씨가 매우 추웠으므로 서쪽이나 한반도에서는 생산되지 않지만, 황금만큼 귀하게 취급하는 물품이 많았다. 예를 들면 삵, 스라소니, 담비, 족제비의 모피가 그것이었다. 앞서 설명한 것처럼 모피는 부르는 게 값일 정도로 엄청난 사치품이었다. 신라시대뿐 아니라 시간이 흘러 고려시대, 조선시대에도 황실과 상류층을 중심으로 크게 사랑받았다. 따라서 이들은 추운 데서 억지로 농사를 짓기보다 자기들에게 유리한 명품을 공급하며 경제를 발달시켰다.

읍루인들의 생활 환경

그렇다면 이들은 척박한 환경을 어떻게 극복하고 살아

남았을까? 읍루인들에 대한 기록을 살펴보자.

"그들은 땅속에 깊게 굴을 파고 산다. 집은 깊으면 깊을수록 좋다."

마치 현대인들이 면적이 넓은 집을 선호하듯 읍루인들은 깊이가 깊을수록 더 좋은 집이라고 판단했다. 또한 과거의 일반적인 주거 구조와는 달리 화장실을 집 안에 두었다는 점도 이들만의 독특한 주거 문화였다. 이들의 또 다른 특이한 풍습 중 하나는 온몸에 돼지기름을 바르는 것이었다. 복장 문화에서는 바지의 가랑이 부분이 트여 있었다는 점도 주목할 만하다.

위에 설명한 풍습들에는 다 이유가 있었다. 먼저 화장실을 안에 두는 것은 미개해서가 아니라 살기 위해 어쩔 수 없는 문화였다. 이 지역은 겨울에 영하 40~50도까지 내려갈 정도로 매서운 추위가 찾아왔다. 그러다 보니 밖에서 볼일을 보기 위해 맨살을 드러내면 금세 동상에 걸릴 정도였다. 볼일을 보는 사소한 행위도 고통스러울 수밖에 없었다. 추위를 막기 위해 주거 구조에도 특별한 장치가 고안되었다. 집 위에는 지붕을 얹고 흙과 나뭇가지를 덮어 보온이 되도록 한 것이다. 읍루인들은 대부분의 시간을 집에서 보내다가 어쩔 수 없이 나갈 일이 있을 때만 연기 구멍을 통해 겨우 드나들었다.

그러다 보니 외부인들의 시각에서 이들의 거주지는 냄새가 심하고 위생적으로 좋지 않았다. 실제로 약 200년 전쯤 러시아 선원들이 북극해를 탐험하다가 시베리아 원주민의 집을 방문한 적이 있는데, 그때 집 안에 빽빽하게 걸려 있는 훈제 연어를 보고 깜짝 놀랐다고 한다. 검은 황금이라고 불리는 모피도 집 안에서 말리다 보니, 악취가 심해서 처음에는 견딜 수 없을 정도였다고 전해진다. 완성된 모피는 화려함을 자랑하지만, 이를 만드는 과정은 청결함과는 상당히 거리가 멀다.

화장실에 모은 소변은 옷을 빨거나 가죽을 무두질할 때 사용했다. 대변을 어떻게 사용했는지에 대해 기록은 남아 있지 않지만 아마도 돼지 같은 동물을 키울 때 사용했을 것으로 추측한다. 이 지역 사람들이 돼지고기를 즐겨 먹었다는 기록이 남아 있는데, 혹독한 날씨 탓에 바깥에서는 키울 수 없었으므로 아마 안에서 키우며 분변을 활용했을 것이다.

돼지는 추운 지역에서 많이 키웠다. 비계의 활용도가 높아 돼지기름을 연고로 만들어 살갗이 트지 않도록 바르기도 하고, 콜라겐이 많은 돼지 껍질을 섭취해 피부에 지방층을 만들기도 했다. 최근까지도 만주족들은 얼린 돼지 껍질로 요리를 해 먹기도 했다. 또한 러시아의 전통 요리 중에 살로salo라는 것이 있는데, 이를 그대로 번역하면 '돼지비계'란 뜻으로 굽지 않은 생 비계를 빵 위에 얹어 소금으로 간하고 먹는 간단한 음식이다. 이런 고열량 음식을 먹으면 몸에 열이 나면서 추위를 이겨낼 수 있다.

그리고 마지막으로 이들의 독특한 복장인 밑이 트인 바지는 혹한에서 볼일을 보기 위한 장치다. 바지를 내리고 맨살을 노출하면 동상에 걸릴 위험이 컸으므로 속바지를 입은 채로 볼일을 볼 수 있도록 고안된 디자인인 것이다. 화장실이 집 안에 있었으나 피치 못할 때는 밖으로 나가야 하는 경우도 생겼으므로 여러 방식으로 추위에 적응하게 되었다.

이들의 풍습은 북쪽으로 뻗어나가 지금도 알래스카의 캄차카 지역에 남아 있다. 18세기 이후 여전히 과거의 모습대로 살아가는 소수민족들을 연구한 결과, 추위를 이겨내는 데 탁월한 적응력을 가지고 있는 것으로 나타났다.

특정한 기후나 환경에 적응해서 산다는 것은 그 환경을

모르는 상태에서 섣불리 판단해서는 안 되는 문제다. 오히려 이들은 누구보다 오랫동안 추위를 견디며 결국 자연환경에 적응해 자신들만의 문화를 만들어냈다. 읍루인들은 결코 미개한 민족이 아니었으며 다른 나라를 정복할 정도로 진취적이고 기개가 강했다.

극동 아시아의 오랜 조상인 읍루의 상징성

이들이 미개하지 않았다는 것은 러시아 연구자들에 의해 처음으로 증명되었다. 러시아에서는 이미 200년 전부터 한반도의 역사에 관심을 갖고 문헌 번역 등 다양한 방식으로 오랫동안 연구를 이어왔다. 그러다가 1953년에 한국전쟁이 끝난 후 다시 이 지역을 조사하게 되었는데, 다양한 유물과 유적이 발견되면서 이 땅의 주인이 원래 읍루와 옥저인이었다는 것을 확신하게 되었다.

특히 러시아 고고학연구소 소장이자 새로운 아시아 인류인 데니소바인을 발굴해서 세계적인 명성을 얻은 고고학자가 있다. 그는 박사 논문에서 읍루인들의 문화에 대한 주제

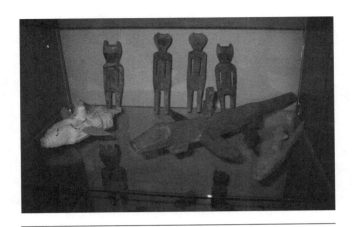

읍루인의 후예인 극동 원주민들이 집에 모셨던 조상의 나무인형

를 다루었다. 읍루는 변방의 문화가 아니라 한국과 러시아의 고고학에 수십 년째 신선한 화두를 던지고 있는 아주 중요한 유적이다.

이들은 사진에서 보이는 것과 같은 정령을 집에 모셔서 종교 생활을 영위하기도 했다. 사람이 죽으면 땅속에 묻지 않고 수목장을 치렀는데, 현대의 수목장처럼 재만 넣어서 나무 아래에 묻는 것이 아니라 길게 관을 만들어 그 안에 유골을 넣은 다음 나무 위에 올려놓았다.

옥저인들은 누군가가 죽으면 커다란 관을 놓고 그 앞에

망자의 인형을 가져다 두었다. 마치 영정 사진처럼 관과 인형을 모셔두는 것이다. 이것은 '세벤'이라고 해서 돌아가신 분들을 기리는 조형물이었다. 사진에서 비행기처럼 생긴 토우는 날개가 달린 곰이나 호랑이를 형상화한 것으로 돌아가신 조상을 저승으로 데려다주는 역할을 한다고 믿었다.

옥저인들이 사용했던 또 하나의 영적인 상징으로 '옹곤'이라는 것이 있다. 옹곤은 우리말로 하면 장승으로, 돌아가신 분들을 한곳에 모시는 공동묘지에 설치해 망자를 기리는 물건이었다. 옥저나 읍루 사람들이 땅을 파서 묘지를 만들지 않은 이유는 단순하다. 이 지역은 겨울이 되면 땅마저 단단하게 얼어붙어 관을 매장할 만큼 깊게 팔 수가 없었다.

무덤을 만들고 꾸미는 풍습은 각 문화가 처한 환경과 연결되어 있다. 예컨대, 무더운 기후의 적도 인근 국가에서는 사람이 죽으면 하루를 넘기지 않고 땅속에 묻는다. 사체가 단 몇 시간 만에 심하게 부패하기 때문이다. 반대로 겨울이 길어서 땅을 쉽게 팔 수 없는 경우라면 어떨까? 몇 개월 동안 시신을 어딘가에 보관해두었다가 무덤을 파야 한다. 그러려면 시신을 장기간 보관할 만한 안치소가 필요하다. 그래서 영혼이 깃들었다고 믿는 숲의 한 구역에 조상들의 시신을 임시로 모셔두는 것이다.

이와 비슷한 풍습은 미국 신대륙의 원주민 문화에도 남아 있다. 인디언들은 나무로 만든 침상 위에 시신을 안치하고 그 주변에 영혼이 머문다고 믿는다. 세월이 지나서 그 침상이 썩어 유골이 땅에 떨어지면 그 영혼이 비로소 자신들 곁을 떠나서 하늘로 올라갔다고 여긴다고 한다. '수목장'의 일종이라고 볼 수 있는 이런 풍습은 옥저인과 읍루인 들 사이에서도 널리 퍼져 있었다. 따라서 그들의 유적에서 무덤은 매우 적게 발견되었다.

그리고 읍루와 옥저의 먼 후예로 현재 이 지역에 남아 있는 말갈의 후예인 나나이족은 여전히 과거의 풍습을 지키며 수천 년간의 역사를 증명하고 있다. 나나이족은 농사를 짓지 않고 살았다. 이에 대한 자세한 설명은 다음 장의 사진과 함께 살펴보자.

위의 옷은 놀랍게도 연어의 껍질이라는 독특한 재료로 만들어졌다. 확대해보면 껍질과 비늘이 잘 남아 있는 것이 보인다. 이 지역에서는 8~9월에 강을 따라 거슬러 올라오는 수천, 수만 마리의 연어를 원 없이 잡을 수 있었다. 연어는 알을 채취하고 염장해 저장식품으로 보관하거나 훈제해서

말갈의 후예인 나나이족의 유물

말리기도 하고, 껍데기는 벗겨서 옷을 만드는 등 다양한 방식으로 사용했다.

이 지역에는 사냥감이 워낙 많아서 농사를 지을 필요가 없었다. 게다가 근처 숲에서 자라는 키가 큰 자작나무를 가공해 방패나 생활용품 같은 온갖 물건도 만들어낼 수 있었다. 이 지역 사람들은 굳이 애 쓰지 않아도 지천에 널려 있는 자연 자원으로 풍족한 생활을 누렸다. 게다가 바다표범, 소금, 다시마 같은 읍루 지역 특산물은 내륙에서는 구하기가 어려워 아주 귀하게 대접받았다. 비슷한 지역에 살았던 옥저인들이 이런 물건을 고구려에 공물로 바쳤다는 기록이 있을 만큼 이곳은 기후가 추운 것을 제외하면 자원이 풍부해 생활을 영위하는 데 큰 어려움이 없었을 것이다.

흔히 우리가 미개인이라고 치부하는 사람들은 지금도 전 세계에 많이 살고 있다. 대표적으로 북극해에 살던 이누이트(에스키모)나 그와 이웃한 축치인들이 있다. 추운 곳에서 사는 대신에 그들은 다른 강점을 더욱 강화했다. 나는 이것을 '적응 잠재력'이라고 표현한다. 이렇게 추위에 최적화된 사람들은 만약 기후가 한랭화된다면 가장 잘 적응해 유일하게 살아남아 자손을 퍼뜨릴 수 있을 것이다.

읍루의 후예인 말갈, 후의 여진족은 강한 생활력을 무기 삼아 중원으로 진출해 금나라와 청나라라는 세계사에 한 획을 그은 대국을 건설했다. 험난한 지역에서 그들이 살아 남을 수 있었던 것은 주변국에 오랑캐라고 무시당하는 동 안 내실을 갈고 닦은 그들의 강한 면모 덕분이 아니었을까.

3. 유물로 하나씩 건져 올린 환동해의 생활

작지만 강했던 국가 옥저의 생활

옥저는 역사 교과서에도 자주 등장하는 고대 부족 국가
다. 부여에서 갈라져 나와 기원전 2세기에 탄생한 것으로
보고 있으며, 읍루보다는 약간 남쪽인 지금의 함흥과 원산
지역을 따라 위치해 있었다. 정치 체제는 왕이 없는 지방분
권적인 형태로, 각각의 읍락을 지배하는 족장이 있었다. 옥
저인들이 살았던 지역은 읍루에 비하면 험준한 산이 적고
비옥한 평야도 있었다. 기후는 대체로 추웠지만, 봄과 여름

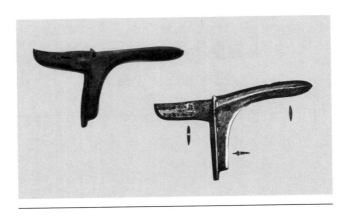

백두산에서 발견된 중국의 창

에는 강가에서 농사를 지을 정도로 온화한 날씨가 나타나기도 했다.

옥저인들이 쓰는 언어가 고구려와 비슷하다고 해서 고구려에 복속되어 있었던 게 아니냐는 추측도 있지만, 고구려로 완전히 편입되지는 않은 채 개별적으로 독립된 국가로 인정받았다. 어쩌면 이들이 고구려에 완전히 복속되기 전에는 제법 큰 세력을 갖추고 있지 않았을까 생각한다. 위의 사진을 보자.

이 창은 중국에서 만들어진 것으로 백두산 부근에서 발

견되었다. 오른쪽 그림을 보면 창의 끝부분에 조나라의 서명 같은 것이 남아 있다. 이 표시는 진시황에게 대항했던 조나라의 재상 인상여의 것이다. 그는 흠이 없는 구슬이라는 별명을 가질 정도로 뛰어난 인물이었다. 혜문왕 시기에 당시 제일의 보배로 여겨진 '화씨의 옥'을 진나라에 빼앗길 뻔했을 때, 사신으로 가서 그 요구를 슬기롭게 거절한 일화로도 유명하다.

그런데 옥저로 가는 길인 백두산에서 인상여의 창이 발견되었다. 지금으로부터 약 2,400여 년 전 가장 촉망받았던 외교 사절단의 기념품이 뜬금없이 산 한가운데에서 나온 것이다. 옥저는 고구려에 고급스러운 물건을 자주 진상했다. 동해안에서만 나오던 해산물, 약초, 모피 등이 그것이었다. 이들은 고구려뿐만 아니라 중국과도 무역하며 인상여의 창과 같은 귀중한 물건을 받아왔을 것이다. 자신들의 지리적 환경에서 다른 나라와 교역하거나 외교하기에 가장 좋은 것이 무엇인지 잘 알고 있었고, 그것으로 큰 이득을 취했다. 인상여의 창은 옥저의 외교력을 잘 보여주는 상징적인 유물인 셈이다.

옥저인의 발명품인 온돌

옥저인들의 또 다른 발명품은 온돌이다. 바닥에 불을 때 방을 데우는 난방 방식은 옥저인들만의 고유한 생각은 아니었다. 로마, 알래스카, 중국 등 전 세계에 이와 비슷한 난방 기구가 존재했다. 다만 옥저의 방식이 이 나라들과 차별되는 점은 모든 면에 불을 때는 것이 아니라 부뚜막을 이용해 한곳에서 열을 가하고 그 열기가 방바닥을 한 바퀴 돌아 굴

바이칼 호수 근처에서 발견된 온돌 시설

뚝으로 나온다는 점이다. 옥저는 이를 기원전 4세기에 발명했다.

다만 이 방식은 구들장이 깨지거나 흠이 나면 그 틈으로 불연소 가스인 일산화탄소가 새어 나와 목숨이 위험해질 수 있었다. 건축 기술로서는 상당한 정교함이 필요한 고난도 기술이었던 셈이다. 부뚜막을 제작할 때 조금이라도 각도가 안 맞거나 기온이나 습도의 영향으로 모양이 틀어지면 연기가 역류할 수 있었다. 바닥난방 기술이 열효율에 효과적이지만 전 세계로 퍼져나가지 못한 이유다.

그런데 놀라운 점은 앞 사진에 보이는 온돌이 옥저가 아니라 흉노인들이 살던 지역에서 발견되었다는 것이다. 발견 장소는 러시아 바이칼 호수 부근이었다. 그들은 성터를 닦고 생필품과 무기를 생산하기 위한 공장을 건설했다. 물건을 대량 생산하기 위해서는 나라 밖에서 기술자를 스카우트해야 했는데 러시아 바이칼 호수 부근은 너무 추웠기 때문에 타국의 기술자들을 데려오면서 이곳에 그들이 살 집에 온돌을 만든 것이다. 요즘으로 따지면 뉴타운을 건설한 셈이다.

하지만 온돌은 흉노에서 오래가지 못했다. 온돌에 또 다른 치명적인 단점이 있었기 때문이다. 나무를 태워 난방하는 이 방식에는 당연히 어마어마한 양의 땔감이 필요했다. 옥저는 산맥을 따라 울창한 숲이 조성된 지역이었으므로 풍부한 산림자원이 있었다. 그러나 흉노는 낮은 풀이 주로 자라는 초원 지역을 기반으로 하는 국가였기 때문에 나무가 상당히 귀했다. 온돌은 흉노 시기에 쓰이다가 그들이 멸망하고 난 후 서서히 사라졌고, 1,000년 후가 지나서야 비로소 다시 쓰이게 되었다.

이렇게 온돌이 우리의 역사 속에 다시 한번 등장하는 데에는 발해의 후손들이 있었다. 발해가 멸망하고 요나라가 들어서자 발해인들은 몽골 지역에 포로로 끌려갔다. 그때 전파된 온돌은 변형된 형태로 카자흐스탄 실크로드 지역에서 광범위하게 발견된다. 그래서 카자흐스탄 학자들도 이것이 옥저에서 직접 온 것이 아니라 흉노를 거쳐 중앙아시아로 왔을 것이라고 추측했다. 한국도 조선시대 후기에는 인구가 늘고 온돌 수요가 늘어나면서 산에 나무가 부족해지는 현상이 발생했다. 그러면서 차츰 다른 방식의 난방이 등장하게 되었다.

두만강 유역의 침술과 샤먼

태초의 의사는 샤먼이었다. 샤먼은 제의의 일부로 의료 행위를 시연했다. 산둥 양성산에서 출토된 편작행의도라는 유물을 보자.

유물 안에 새처럼 생긴 사람이 침을 놓는 것 같은 모습이 새겨져 있다. 이것이 중국에서 최초로 침을 놓은 의료행위였다고 말하는 학자도 있다. 고대에는 마음을 푸는 것과 몸을 고치는 행위가 따로따로 분리되어 있지 않았다. 즉, 샤먼에게 점괘를 받아 마음을 놓는 것과 몸을 맡겨 치료하는 행위가 함께 이루어지면서 침술로 발전했다는 것이 정설이다. 그리고 두만강 유역에도 이러한 독자적인 침술이 있었다는 것을 얼마 전 나와 연구팀이 밝혀냈다.

1993년 봄, 나는 최몽룡 교수님의 연구실에서 조교를 하며 당시 교수님이 회장으로 계시던 한국상고사학회의 일도 거들고 있었다. 어느 날, 교수님께서 다급한 목소리로 연구실을 찾아오셨다. 선생님의 두 손에는 종이뭉치 보따리가 들려 있었다. 평소의 진중한 모습과 달리 선생님의 얼굴은 약간 상기된 듯했다. 보따리에는 손을 대면 곧 부스러질 듯

산둥 양성산에서 발견된 편작행의도

한 오래된 원고와 수많은 사진이 담겨 있었다.

바로 경성제국대학에서 고고학을 강의했던 후지타 료사쿠 교수가 일본이 패망한 후 서울을 떠나면서 집에 두고 간 자료들이었다. 때마침 후지타의 빈 집에 서강대에서 교편을 잡던 어떤 교수가 살게 되었고, 그 자료를 오랫동안 보관하고 있다가 우연히 최몽룡 교수님의 손에 넘어간 것이다. 그 자료는 내가 정리를 도맡아 그로부터 16년이 지나 간행되었다. 나는 약 30년 전 처음 흑백 사진에서 보았던 수많은 뼈로 만든 침이 계속 지워지지 않았다.

이 이야기를 하기 위해서는 약 70년 전인 일제 강점기까지 거슬러 올라가야 한다. 당시 옌볜은 만주국에 속해 있었는데, 일본이 만주를 침략하고 군사기지화하면서 격납고를 만들기 위해 땅을 파다가 수십 기의 돌무덤을 발견하게 되었다. 이 고분군을 후지타 교수가 조사하기 시작했는데, 이 곳이 바로 소영자 유적이다.

소영자 유적에서는 뼈바늘이 무수히 출토되었다. 보통 바늘이 발견되면 무덤의 주인을 옷이나 가죽을 다루던 사람이라고 추측하지만, 이 정도로 많은 뼈바늘이 발견된 것은 단지 직업 때문이라고 하기에는 미심쩍은 부분이 있었다.

게다가 시신의 전면에는 보통 가장 귀중한 물건을 두기 마련인데, 이곳에 바늘을 두었다는 것도 궁금증을 자아냈다. 또 하나, 이 바늘에는 구멍이 없었다. 적어도 무언가를 만들기 위해 실을 꿰는 도구는 아니라는 의미다.

그리고 만약에 옷을 만드는 데 쓰는 바늘이었다면 재봉에 쓰이는 다른 유물이 더 있었을 것이다. 그런데 바늘 외에는 아무것도 발견되지 않았다. 마지막으로 무덤의 주인은 남자였다. 무덤 크기나 껴묻거리 등으로 미루어 당시 이 지역의 유지였을 것으로 추정되는데, 그런 사람과 받진고리를 함께 넣었다는 것은 논리적으로 이치에 맞지 않았다.

일본의 만주침략에 발맞추어 급하게 이 유적을 조사한 후지타는 제대로 마무리도 하지 않고 패망후 일본으로 가버렸다. 그 이후에 내가 이 유물들을 정리하며 자세히 살펴보게 된 것이다. 고고학에서는 자체를 보는 것도 중요하지만 유물의 발견 과정, 유물 주변 상태, 유물이 놓인 위치 등 여러 가지 맥락에 따라 유추하는 것도 필요하다. 마치 범죄 현장을 수사하는 경찰관처럼 사소한 부분도 놓치지 말고 세세하게 봐야 한다. 대부분의 정보는 다 현장에 있다.

이 사진이 바로 현장에서 발견된 바늘들이다. 실제로 보

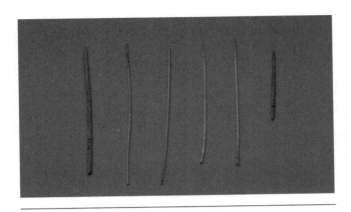

소영자 유적에서 발견된 뼈바늘들

면 두께가 이쑤시개보다 얇을 정도로 상당히 가늘다. 더 재미있는 사실은 바늘의 사이즈가 제각각 다르다는 것이다.

이 바늘을 연구한 내용은 2009년에 책으로 정리해 발행되었다. 그때까지만 해도 이 유물의 용도에 대한 확실한 결론은 내리지 못했다. 결정적인 증거가 없었기 때문이다. 그러다 우연히 한의학의 역사를 연구하는 교수와 이야기를 나누게 되었던 그때 한 가지를 유심히 살펴보게 되었는데, 무덤에서 함께 발견된 자갈이었다.

바늘이 발견될 때, 바구니 안에는 자갈이 함께 들어 있었다. 이 돌들은 모두 반질반질하다는 특징이 있었다. 이 돌이 발견 지역에서 나지 않는 광물이라는 것으로 미루어 다른 지역에서 돌을 가져와 둥글게 마모시킨 다음 특별한 용도로 사용했다고 추측해볼 수 있다.

실제로 이 돌은 불에 구워서 뜸을 떠 아픈 곳을 치료하는 데 사용한 것이다. 중국에도 이와 같은 용도로 쓰인 돌이 있다. 약 2,400년 전의 무덤에서 중국의 침 세트와 굽는 용도의 돌이 함께 나온 사례도 있었다. 이를 전문용어로 '폄석'이라고 한다. 중국에서 발견된 돌과 소영자의 무덤에서 발견된 돌은 다음 사진과 그림처럼 그 모습이 거의 유사하다. 이로써 두만강 유역에서 발견된 바늘은 침이라고 결론을 내리게 되었다.

이것은 중국보다 약 600년 정도 앞선 것이었다. 중국에서는 전국시대 때 처음으로 침이 등장하지만, 환동해 지역에서 발견된 침은 그보다 훨씬 이전의 것이기 때문이다. 다만 당시 이러한 침술이 이곳을 넘어 다른 지역으로까지 퍼져나갔다는 증거는 발견되지 않았다.

그렇다면 어쩌다 두만강 유역은 중국보다 빠르게 독자적으로 침술을 발전시킬 수 있었을까.

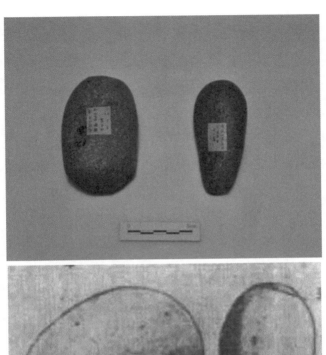

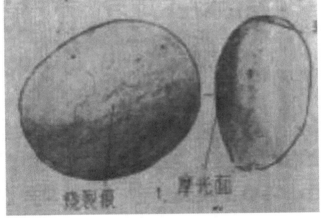

(위)소영자 유적에서 발견된 돌, (아래)중국에서 발견된 펌석

환동해 지역의 지리적 환경은 독특했다. 그리고 그 독특한 환경만큼이나 그들만의 풍토병도 있었을 것이다. 날씨, 기후, 지역의 악조건이 건강에 심각한 영향을 미쳤다. 추위를 막기 위해 몸에 돼지기름을 바르고 모피를 가공해 사시사철 두꺼운 가죽옷을 입었으며 화장실을 집 안에 두었다. 그러다 보니 위생이 악화돼 피부 종기가 나거나 다른 병이 생기기 쉬웠다. 그럴 때 가장 유효한 의료행위는 고름을 터뜨려 치료하는 것이었다. 혹독한 추위를 견디다 보니 늘 몸이 아팠고, 그 결과 일찌감치 침과 같은 고급 의학 기술이 발달한 것이다.

읍루인들은 침 이외에도 독특한 약재를 많이 사용했다. 그중 가장 대표적인 것이 바로 아편의 원료로 쓰이는 양귀비 열매다. 2004년 러시아와 한국이 공동발굴 작업을 하던 중 온돌 안에 묻혀 있던 토기로 만든 솥 안과 근처의 부뚜막에서 곡물을 발견했다. 러시아 연구소에서 성분을 분석한 결과 이 열매는 양귀비로 밝혀졌다. 그때까지 양귀비는 당나라 시기에 서쪽에서 중국으로 건너왔다는 것이 학계의 정설이었으나 이 솥에서 양귀비가 발견됨으로써 당나라 이전에도 사용했다는 것이 증명되었다.

양귀비는 마약의 재료가 아니었다. 모든 양귀비 종에 환각 성분이 있는 것은 아니며, 어떤 종류는 기름을 짜서 다양한 용도로 쓰기도 한다. 또한 양귀비 기름에는 진통 효과가 있으므로 당시 추위와 각종 피부병에 시달리던 환동해 지역 사람들에게는 귀한 약재료 쓰였을 가능성이 크다. 한국에서도 양귀비가 지금처럼 법으로 규제되지 않던 시기에는 즙을 내서 배앓이약으로 먹거나 바르는 진통제로 사용했다는 기록이 남아 있다.

이렇듯 모든 민족은 날씨와 기후에 적응해 발전하며 살아간다. 그리고 그 과정에는 현대인들은 생각지 못한 조상들의 지혜가 정말 많이 사용되었다. 역사책에는 잘 등장하지 않는 옥저와 읍루의 생활은 고고학 연구를 통해 하나씩 건져야 하는 아주 귀한 기록이다.

환동해 지역은 산맥으로 가로막혀 외진 미개한 종족들의 땅이 아니었다. 척박한 땅에서도 자신들만의 문화를 길러내고 끈질기게 살아남은 사람들의 빛나는 문명이었다. 바로 이렇게 숨겨진 역사를 밝히는 일은 한반도의 기원을 구석구석 찾아 나가는 데 중요한 하나의 단서가 되어줄 것이다.

4장

우리의 언어와 DNA에 새겨진
기원을 찾아서

DNA는 범죄수사에만 사용하는 것이 아니다.
수천 년 전 사람들의 가장 은밀하고 개인적인 DNA로
숨겨진 우리의 역사가 복원된다.

1. 한국어의 기원을 만나다

언어의 역사를 밝히는 것

언어의 기원은 어떻게 밝힐 수 있을까? 특정한 언어의
역사를 따라가며 실체를 찾는 학문을 '역사언어학historic
linguistics'이라고 한다. 수천 년 전 사람들이 사용했던 언어가
어떻게 분화되었는지를 언어에 남은 흔적으로 밝히는 것이
다. '어족'이라는 것도 마찬가지다. 여러 언어의 조상이 되는
한 언어가 어디에선가 기원했고, 그것이 사방으로 퍼졌다고
믿었다. 어족에 관한 연구는 유럽에서 근대 언어학을 연구

하면서부터 발달했다.

여러 서양어를 분석해보면 유사성이 상당히 많다. 숫자만 봐도 영어, 프랑스어, 러시아어, 스페인어 등의 발음이나 구조가 서로 흡사하다. 역사언어학으로 연구한 결과, 이 언어들은 공동의 조상에서 갈라져 나왔다는 것이 밝혀졌다. 그 조상 언어가 기원한 지역을 따라가 보니 동쪽 끝으로 인도까지 이어져 '인도-유럽어족'이라는 이름을 붙였다.

인도-유럽어족은 약 200년 전에 처음 발견된 이래 고고학적으로도 속속 증명되고 있다. 그들은 6,000년 전에 초원에서 발원해 유럽 곳곳으로 퍼져나갔는데, 지역을 옮기며 자신들의 문화와 새로운 기술을 함께 가져갔다. 언어의 확산과 함께 문화도 전파된 것이다.

이와 비슷한 사례가 1장 고조선의 형성에서 설명했던 전차의 등장이다. 시베리아에서 개발된 전차는 서쪽으로는 유럽까지 퍼져나갔다. 인도-유럽어는 시베리아에서 기원한 전차가 유럽으로 전달되면서 그들의 언어도 함께 퍼져나간 결과였다. 전차라는 고급 기술을 사용하기 위해서는 전차를 만드는 기술은 물론 숙련된 말 조련사도 필요하므로 이를 배우는 과정에서 언어 역시 전파되었을 것이다.

불교를 연구하는 데 필수적인 인도의 산스크리트어(범어)도 인도-유럽어 계통이다. 이 역시 전차문화의 확산과 관련이 있다. 인도에 전차를 전파한 사람들은 기원전 15세기의 '아리안족'이었고, 그들은 세계 최초의 경전인 『리그베다』를 남겼다. 지금도 전차 바퀴는 탱화에서 흔히 나타나는데, 인도 초기 불교에서는 태양족의 후예인 석가모니의 상징으로 전차를 사용했으며, 태양의 후예는 조로아스터교와 힌두교의 태동과도 연관되어 있기 때문이다.

어족을 만드는 최종 목적은 여러 언어의 공통적인 조상 언어를 밝히는 것이다. 즉, 오래되고 순수한 언어의 계통을 찾아내는 것이다. 언어 역시 민족의 기원을 좇는 것만큼이나 순수한 원형을 찾는 일이 거의 불가능하다. 언어는 서로 교류하며 혼재하고 시간이 지남에 따라 자연적으로 발전 및 쇠퇴, 분화를 거듭하기 때문이다. 언어의 본질은 인간들 사이의 교류를 반증해주는 자료다.

언어는 각 지역 사이의 교역을 증명하는 도구가 되기도 한다. 예컨대 마시는 차를 뜻하는 단어는 '차茶'와 '티Tea'라는 두 갈래로 나뉘어서 유라시아 각국에 널리 퍼졌다. 두 단어 모두 어원은 중국인데, 유라시아 대륙으로 전파되는 경로에 따라 서로 다른 단어로 생성되었다. '티'는 차를 의미하는 중국 남방지역의 방언에서 유래했다. 그래서 바다를 거쳐 중국의 차를 수입한 지역은 티라는 단어를 쓰게 되었다. 반면 중국 북방에서는 '차' 또는 '차이'라는 발음을 사용했으므로 대륙으로 차를 받아들인 유라시아 지역에서는 '차'와 유사한 단어를 쓰게 되었다. 이렇듯 언어는 순수하지 않고 지역 간 교류와 깊게 관련되어 있다. 아무리 영어를 모르는 사람이라도 생활 곳곳에서 알게 모르게 영어에서 유래한 단어를 쓰듯 과거에도 마찬가지였을 것이다.

이러한 상황은 고대 한국에도 똑같이 적용되었다. 유라시아 초원에서 전차를 몰던 사람들이 중국의 상나라로 퍼져나가면서 전차 용어는 모두 자신들이 사용하던 언어로 쓴 흔적이 남아 있다. 또한 1장에서 설명한 것처럼 청동 광산에서 구리 광석을 캐고 청동기를 만드는 사람들은 자신들의 용어를 고조선에도 남겼을 것이다. 이성규 교수는 유라시아 일대의 알타이어족에서 사용하는 광산업 관련 용어는 서로 비슷하다고 한다. 이렇듯 언어는 하나의 언어에서 기원해 순수하게 이어진다기보다 다양한 문화를 받아들이고 서로 영향을 주고받는 과정을 그 안에 반드시 남긴다.

한국어의 기원을 찾아서

한국어는 많은 사람이 우랄-알타이어족에 속한다고 배웠을 것이다. 그런데 놀랍게도 학계에는 한국어가 우랄-알타이어족에 포함된다고 자신 있게 말하는 사람은 거의 없다. 그렇다고 한국어가 어느 어족에 속하냐는 질문에 속 시원하게 답할 수 있는 학자도 없다. 한국인은 지난 수천 년간 한반도에 살면서 다양한 문화를 받아들였고, 그 과정에서 언어도 복잡한 변화 과정을 거쳐 현재에 이르렀다. 언어의 기원을 밝히는 역사언어학은 단순히 단어나 문법을 비교하는 것이 주목적이 아니다. 언어의 변화 과정을 밝힘으로써 고대인들의 생활상을 파악하고 언어에 담긴 함의를 분석하는 것이다.

학계에서 한국어가 우랄-알타이어족이라고 단정 짓지 못하는 가장 큰 이유는 한국어가 어족의 다른 언어와 공통된 특징도 있지만, 숫자나 가족, 신체 등과 같은 기본적인 단어에서 큰 차이를 보이기 때문이다. 이는 인도-유럽어족이나 한반도와 이웃한 중국-티베트어족과 확연히 구분된다. 대체로 우랄-알타이어족은 몽골어 계통, 투르크어 계통, 퉁

구스어 계통 등으로 나뉜다. 그 범위는 동유럽에서 아시아까지 넓게 이어진다. 그러다 보니 한국어뿐 아니라 다른 우랄-알타이어족 사이에도 논란이 많다. 심지어 '동북아시아 어족'이라는 새로운 개념이 등장하기도 했다. 한국어가 어떤 조상 언어에서 갈라져 나왔는지에 대한 확실한 대안은 없지만, 기존의 우랄-알타이어족 설에 문제가 많다는 것만은 분명하다.

우랄-알타이어족 설이 등장한 지는 100여 년이 지났다. 이후 이렇게 논란이 불거진 것은 무엇 때문일까? 학계를 비롯해 많은 사람은 '순수한 한국어'라는 것이 존재한다고 믿었다. 내가 대학원에 재학할 때만 해도 한민족의 기원을 다루는 수업이나 연구서의 한 부분에는 반드시 한국어의 기원이 포함되어 있었다. 한민족의 기원을 밝히는 과정에서 한국어의 기원 역시 언급한 것이다. 현실적으로 순수한 한국어의 시작을 찾는 일은 쉽지 않다. 한국은 오래전부터 한반도라는 지정학적 요충지에 존재해왔고, 이곳에 다양한 민족이 들고 나며 한민족과 교류했다. 그 과정에서 언어도 여러 국가의 것이 섞여서 발전했고, 삼국시대 이후에는 한문이 유입되면서 문자도 중국의 영향 아래 놓이게 되었다. 근

현대까지 시간을 거슬러 올라와 일제강점기를 거치면서는 일본어가, 해방 이후에는 영어와 같은 외국어가 언어 생활에 상당히 반영되었다.

한국과 유라시아 어족 기원을 밝히는 연구는 약 300년 전 핀란드에서 처음 시작되었다. 그 배경에는 유럽에서 처한 핀란드인의 특수한 상황이 얽혀 있었다. 핀란드와 헝가리는 유럽의 큰 줄기와는 사뭇 이질적인 나라다. 그들은 인도-유럽어족이 아니라 시베리아, 나아가 아시아와 관계가 있는 우랄어족이기 때문이다. 핀란드인들은 19세기까지 자신의 나라가 없었다. 서쪽으로는 독일어 계통의 스웨덴인들의 지배를 받고 동쪽으로는 슬라브인들의 지배를 받았다. 수오미라 불리던 이 사람들의 정체성을 확인해주는 것은 바로 인도-유럽어족과 구별되는 핀란드어였다. 핀란드인들은 러시아와 시베리아를 조사하면서 민족적 기원을 찾고자 했다.

약 300년 전, 스트랄렌베르그라는 핀란드인은 러시아와 전쟁을 하다 포로가 된 뒤 벌을 받는 대신 시베리아 일대에서 유적지를 조사했다. 그는 시베리아의 여러 지역을 조사하면서 아주 흥미로운 점을 발견했는데, 시베리아 원주민들의 언어가 핀란드어와 비슷하다는 것이었다. 그의 조사는 이후 마티스 카스트렌이라는 언어학자에 의해 우랄-알타이어족으로 발전되었다.

알타이는 동아시아와 유럽이 교차하는 문명의 교차로다. 따라서 우랄-알타이어족은 한국뿐 아니라 유라시아 전역에 걸쳐 있는 모든 민족의 역사와 깊은 연관성이 있다. 하지만 카스트렌이 이 지역의 언어에 알타이라는 이름을 붙인 것은 언어가 알타이에서 기원했기 때문이 아니라 이 지역이 시베리아에서 가장 유명하기 때문이었다.

독립을 갈구하며 언어의 기원을 찾는 핀란드인들의 이야기는 일제강점기 때 일본어를 강요받으며 한국어의 기원을 찾던 우리의 상황과 너무나 유사하다. 언어만큼 자신의 정체성을 잘 드러내는 것은 없다. 카스트렌의 연구는 이후 한국어의 기원을 찾는 데도 밑바탕이 되었다.

앞서 밝혔듯 한국어의 우랄-알타이어족 설에 대한 비판은 많지만 정작 아직까지 어떤 결론도 나지 않고 있다. 어떤 학자들은 알타이어보다 이전에 한국어가 분화되었다고 하고, 또 어떤 학자들은 한국어는 완전히 독립된 언어라고 주장하기도 한다. 이중 어떤 학설도 공식적으로 인정받지는 못하고 있다.

이처럼 한국어의 기원을 완벽하게 밝히지 못하는 이면에는 시베리아라고 하는 광활한 지역에 관한 연구가 제대로 진척되지 못한 탓도 있다. 한국은 1990년대 이후에야 비로소 시베리아 일대의 알타이어족에 관한 조사를 시작했다. 하지만 시베리아에 흩어진 수십 개의 민족은 이미 대부분 자신의 언어를 잃고 러시아에 동화된 다음이었다.

순수한 언어란 존재하지 않는다

한국어가 어느 어족에 속하는지, 어디에서 기원했는지에 대한 정답은 없다. 하지만 정답을 찾기 전에 먼저 생각해볼 문제가 있다. 한국어의 기원을 밝히는 연구가 논란이 된 이유는 '순수한 언어가 있을 것'이라는 전제 때문이었다. 이제까지 역사학자들은 모두 한민족과 한국어의 기원을 밝히려 노력했다. 물론 이런 현상은 우랄-알타이어뿐만이 아닌데, 인도-유럽어는 언어 간의 유사점이 비교적 많고 폭넓은 연구가 이루어졌음에도 그 기원에 통일된 견해가 없다. 새로운 연구가 나올 때마다 시작점도, 발원지도 다른 곳을 향한다.

언어는 인간의 삶에서 의식주만큼이나 큰 비중을 차지한다. 당연히 단독으로 존재할 수도 없다. 개인적인 만남부터 시작해 공동체에서 농사를 짓고 사냥할 때, 물건을 교환하는 교역 상황에도 언어가 있어야 의사소통이 가능하다. 언어는 지리 조건과 생활상 등 물질문화와 떼려야 뗄 수 없다.

이를 바탕으로 한국이 처한 환경에서 한국어의 기원을 추측해볼 수 있다. 한국어의 기원에서 학자들이 공통으로 지적하는 일관된 요소는 한반도 주변에 비슷한 언어가 거의 발견되지 않는다는 '고립성'이다. 또 하나의 구별되는 특징은 알타이어족과 관계가 있다 해도 아주 오래전에 분화했을 것이라는 '태고성'이다. 즉, 언어가 나뉜 지 오랜 시간이 흘러 다른 언어와의 유사성을 발견하기 어렵다는 뜻이다.

한국어의 시작점은 무려 빙하기 이전까지 거슬러 올라간다. 동북아시아 지역은 전 세계 어느 곳보다 토기를 빨리 사용했다. 구석기시대인 1만 5,000년 전부터 중국, 러시아 연해주, 일본 등에서 토기를 사용하기 시작했다. 이를 고고학 용어로 '원시고토기'라고 한다.

한반도에 토기가 일찍이 등장한 이유는 1만 2,000년 전쯤 하나의 빙하기가 끝나며 구석기시대와 신석기시대의 경계가 생겼기 때문이다. 이때 빙하기에서 현재의 기후로 바뀌는 과정은 상당히 급격했다고 알려져 있다. 그런데 동아시아에서만은 그러한 변화가 비교적 서서히 이루어졌다. 그 결과 빙하기의 구석기시대 사람들은 주변 지역에 점진적으로 확산되었다. 우랄-알타이어족과 관련 있는 유라시아 일대의 사람들이 오래전에 이미 분화되어 사방으로 이동했다는 의미다. 후기 구석기시대는 농업이나 청동기 또는 철기와 같은 고도의 제련 기술이 발달하기 전이다. 따라서 기술 전파가 이루어지지 않아 인도-유럽어족과 달리 민족 간에 공유하는 단어가 거의 없을 수 있다.

한국어의 기원과 관련해서는 지금도 매일같이 새로운 연구와 자료가 쏟아지고 있다. 어떤 학자는 남쪽에서 기원했다고 보기도 하고, 어떤 학자는 약 9,000년 전 랴오시(랴오닝성의 서부)에서 기원했다고 주장하기도 한다. 앞으로도 이와 같은 연구가 계속해서 나올 것이다. 역사와 문화는 해석에 해석이 더해져야 비로소 그 의미와 실체가 뚜렷해진다.

단순히 언어의 유사성만으로 쉽게 한국어의 기원을 단정해서는 안 된다. 처음 한국에 들어와 한국어를 연구한 서양의 학자들은 중국어나 일본어는 물론, 멀리 인도의 드라

비다어와 한국어가 관련 있다고 이야기하기도 했다. 심지어 고대 수메르어, 타밀어, 동남아시아어 등 세계 곳곳의 언어와의 유사성을 주장하며 기원을 찾는 사례까지 있었다. 몇몇 단어와 문법적인 특성은 세계 곳곳에서 유사하게 나타나는 경우가 상당히 많다. 향후 더 많은 연구가 진행된다면 언어 사이의 관련성을 밝힐 수 있겠지만, 현재로서는 이러한 유사성이 인간의 보편성이나 우연의 일치에서 기인했다고 보는 견해가 우세하다. 근대 이후 원거리 국제무역이 활발해진 결과일 수도 있다.

한국어의 몇몇 단어가 다른 언어와 유사하다는 것은 고대와는 관계가 없다. 순수한 한국어의 기원지를 찾는 것은 순수한 민족의 기원지를 찾는 것만큼이나 가능성이 희박하다. 오히려 역으로 한국인이 환경에 적응해온 과정에서 한국어가 형성된 과정, 그리고 여기에 기여한 다른 언어를 분석하는 과정이 필요할 것이다.

한국어는 언어의 역사를 연구하는 데 특히 어려움이 많다. 고대 한국어를 증명할 자료가 거의 없으며, 그나마도 한문으로 음차된 것뿐이기 때문이다. 그리고 한국어와 비교할 만한 주변 민족의 언어는 이미 사라졌거나 소멸하기 직전이다. 따라서 한국어는 고대 언어의 미스터리라고 해도 과언이 아니다. 이제는 우리 손으로 알타이나 시베리아 등 산간 오지에 사는 소수민족을 샅샅이 찾아서 그들의 언어를 조사해야 하며 부족한 자료는 DNA, 고고학, 지리학 등 통합적인 관점에서 발견해나가야 할 것이다. 앞으로 한국어의 기원뿐 아니라 한국인의 기원을 명확하게 이야기할 날이 머지않아 찾아오기를 기대해본다.

2. 한국인의 DNA를 찾아서

한민족은 북방계? 남방계?

어떤 사람의 유전적 정보를 담아내고 있는 생물학적 요소를 DNA라고 한다. 이중나선 구조로 이루어진 DNA를 정밀하게 해독하면 유전 질환과 같은 위험 요소도 찾아낼 수 있다. 이처럼 DNA는 누군가의 기원을 밝히는 데 매우 중요한 정보를 제공한다.

놀랍게도 한반도의 기원을 찾아내는 데도 DNA가 사용된다. 우리나라에서 본격적으로 고고학을 연구하기 시작한

한민족의 기원에 대한 1960년대와 1980년대 신문 기사

이래로 절대 변하지 않고 가장 먼저 손꼽히는 화두는 민족 기원이다. 나 역시 초등학교 때 역사에 관심을 가졌을 때부터 고고학을 전공해 연구자가 되기까지 이에 대한 문제의식이 있었다. 결론부터 말하자면, 한민족은 단일 민족 혹은 순수한 혈통이라고 이야기하는 것은 전혀 과학적이지 않다.

그렇다면 한 나라의 기원을 찾아내기 위해서는 어떤 데이터를 조합해서 추론해야 할까? 지금까지 내가 모아온 신

조 선 일 보　　　　西紀1981年 2月 27日　金曜日

"巨石문화는「卵生神話」와 직결"

金秉模교수 國際학술회의서 異色주장

民俗考古學的 접근… 南方系 영향 중시해야

支石墓는 비전투적 定着생활의 所産

"쌀 主食하는 민족은 出産때 卵巢나와

문 스크랩을 한번 살펴보자.

　왼쪽 기사는 1960년대에 발행된 것으로, 한민족의 문화 기원과 관련된 논쟁 중 남북방계에 대한 내용을 다루고 있다. 고고학계에서는 지금까지 한민족의 기원에 대해 북방 기원설을 주장했으나 인류학과 민속학에서는 그렇지 않다고 이야기했다. 오히려 한민족이 남쪽에서 북쪽으로 진출했으며 신화학도 남방에서 유래했다고 주장한다. 서울대학교의 김원룡 교수는 기사에서 북방 기원론을 주장했다. 이러한 주장은 수십 년이 지나도록 계속해서 이어지고 있다.

오른쪽은 1980년대 조선일보에서 발행된 고인돌에 관한 기사다. 보통 고인돌은 북방에서 남쪽으로 이주해 벼농사를 지은 사람들이 만들었다고 이야기한다. 하지만 일각에서는 고인돌도 남쪽에서부터 비롯되었다고 주장한다. 이렇듯 각각의 역사적 쟁점에 대해 남방과 북방에 대한 논쟁은 지금까지 이어지고 있다.

최근에는 이런 재미있는 기사가 나온 적도 있다. 앞의 사

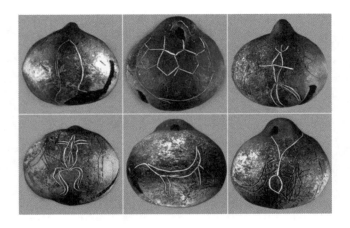

방울에 그린 거북이 무늬

진은 2019년 고령 지산동 대가야 고분군에서 출토된 흙으로 만든 방울이다. 자세히 살펴보면 방울 표면에 거북이의 등껍질 같은 무늬가 새겨져 있다.

일부 고고학자들은 이것을 보고 가야의 건국 설화가 증명되었다고 주장했다. 작자 미상의 고대가요 〈구지가〉의 가사가 설명되었다는 것이다. 가락국에 아직 임금이 없던 시절, 족장들은 왕을 맞이하기 위해 백성들을 모아놓고 신의 계시에 따라 흙을 파헤치며 이 노래를 불렀다고 한다. 그 내용은 "거북아, 거북아, 머리를 내놓아라. 만약에 내놓지 않으면 구워 먹으리"로, 300여 명이 이 노래를 반복해서 부르자 하늘에서 여섯 개의 황금알이 내려왔고, 각각의 알에서 태어난 여섯 명의 귀공자가 6가야를 다스리게 되었다. 그리고 그중 가장 큰 알에서 나온 사람이 바로 김수로왕이다. 이 설화는 한반도의 대표적인 난생신화다.

〈구지가〉와 알에서 태어난 왕의 이야기는 남방 기원설의 큰 줄기다. 한반도의 기원을 북방 기원설에서 찾는 사람들의 연구는 천손 민족, 즉 하늘에 기원을 둔 설화가 기반이었다. 웅녀와 혼인해 단군을 낳은 환인의 아들 환웅, 하늘에서 오룡거라는 전차를 타고 내려온 부여의 해모수 등이 대표적인 예다. 북쪽에서 온다는 말은 대체로 하늘에서 내려온다는 말과도 치환된다.

반면 남방 기원설을 주장하는 측에서는 알에서 태어난 인물이 나라를 세운다는 난생신화를 강조한다. 가야의 김수로왕, 신라의 박혁거세와 같은 건국 신화가 바로 여기에서 비롯된 것이다.

가야의 신화나 기원에 대한 유물은 그동안 거의 발견된 적이 없기 때문에 이 진흙방울은 많은 사람의 상상력을 불러일으켰다. 물론 이것 하나만으로 가야의 건국 설화가 증명되었다고 보기는 어렵다. 이 방울에는 총 여섯 가지의 그림이 표현되었는데, 그중 한 면이 거북이 등딱지처럼 생긴 것은 사실이지만, 이를 설화와 연결하는 것은 지나친 비약이다. 마치 반구대의 바위 그림에 호랑이나 곰의 형상이 나왔다고 해서 곧바로 '단군신화'로 연결하는 것과 마찬가지다. 〈구지가〉는 현재의 김해 일대에 존재했던 금관가야의 설화다. 하지만 고령 지산동은 대가야 지역이다. 건국 설화와는 크게 관계가 없다는 뜻이다. 그리고 방울 위에 추상적인 선으로 그려진 형태만으로 당시 상황을 단정 짓기도 어렵다. 따라서 가야의 기원에 관한 정확한 해석은 앞으로 비슷한 유물들이 더 출토될 때까지 기다려야 할 것이다.

다만 한 가지 분명한 사실은 바다를 끼고 있었던 가야인들이 해상을 통해 남방지역과 교류했고, 그것이 국가 형성에 큰 영향을 미쳤다는 점이다. 북쪽에도 뚜렷한 경계선이 없으므로 북방의 문화적 특성도 어느 정도는 유입되었을 것이다. 그러니 북방계와 남방계 중에 무엇이 맞느냐고 따진다는 것은 질문부터가 틀렸다. 신화학, 언어학, 역사학, 고고학, 그 외에 분야마다 어떤 자료를 중심으로 연구하느냐에 따라 결론이 달라질 수 있기 때문이다. 언어도 마찬가지다. 한국어에는 북방에서 영향을 받은 말도 있지만, 남방에서 유래한 표현이나 단어도 많다. 두 가지는 서로 엄청나게 다르고 또 섞여 있다.

그렇다면 과연 어느 민족이든 순수한 혈통이라는 것은 존재할 수 있을까?

순수 혈통은 존재할 수 있는가?

기본적으로 인간이라는 생물은 순수함을 만들 수 없다

는 태생적인 한계가 있다. 즉, 단일 민족이라는 것은 믿고 싶은 환상일 뿐, 생물학적으로 성립할 수 없다.

대표적인 백인 우월주의자 중에 크레이그 코브라는 사람이 있다. 그는 다른 인종을 향한 혐오나 증오심을 당연하게 표현하며, 백인들 이외의 인종은 필요 없으므로 백인들의 도시를 따로 만들어야 한다고 주장할 만큼 극단적인 인종 차별주의자다. 그런데 어떤 프로그램에서 이 사람의 유전자를 검사하자 놀랍게도 흑인 계통 유전자가 14퍼센트 포함된 것으로 나타났다. 수많은 사람 앞에서 웃음거리가 된 후에도 그는 결과가 조작되었다고 주장했지만, 이 에피소드만 보아도 이 세상에 순수한 혈통이란 있을 수 없다는 것이 밝혀졌다.

이쯤에서 결혼과 출산의 원리에 대해 생각해보자. 결혼은 완전히 다른 두 사람이 만나 가정을 꾸리는 것으로, 둘 사이에서 태어난 자녀는 부모의 유전자를 모두 갖게 된다. 유전자에는 우성과 열성이 모두 존재한다. 사람은 그중에서 환경에 더 잘 적응할 만한 요소를 선택해 생물학적으로 점점 더 진화한다. 이것은 비단 인간뿐만 아니라 이성 생식을 하는 생물들에게 공통으로 나타나는 특성이다.

순수성을 찾는다는 것은 생물학적인 원리에 반하는 일이다. 같은 혈통이 계속해서 유지되려면 동종 교배라는 전제가 깔려 있어야 하는데, 이는 치명적인 유전병에 걸릴 확률을 높이고 진화를 막아 도태되거나 멸종으로 이르게 한다. 생물학적으로 진화하기 위해서는 최대한 나와 다른 유전자를 만나야 생존 가능성이 커지기 때문이다. 이것이 자손 번식을 효과적으로 하기 위한 적응 과정이다. 그렇다면 "나는 과연 단일 민족인가? 나의 순수한 핏줄은 무엇인가?"라고 묻기 전에 과연 인간이라는 생물이 순수한 혈통을 유지한다는 것이 과연 가능한 일인지를 먼저 질문해야 한다.

단일 민족에 대한 환상은 한국인뿐 아니라 20세기 초반 서양에서부터 이어온 수많은 인간의 허상이었다. 이를 주장한 가장 대표적인 인물이 바로 아돌프 히틀러였다. 그는 아리안족이라는 자신의 뿌리에 지나치게 집착한 나머지 순수한 아리안족을 찾는 데 평생을 바쳤다. 아이러니하게도 히틀러 역시 순수한 독일인이 아니라 오스트리아인이었고, 계보를 따라 올라가면 조상 중에 유대인이 있었음에도 그의 순혈에 대한 집착은 무서울 정도였다. 그저 자신의 침략 전쟁을 합리화하기 위해 순수한 혈통을 강조하며 인종 청소를 단행했다.

히틀러는 순혈주의에 집착하다 못해 오컬트 문화에까지 심취했다. 그는 고대에 대한 관심으로 나치의 상징에 만자문이라고 불리는 인도 계통 종교에서 비롯된 스와스티카 Swastica 문양을 사용했다. 이 문양은 원래 약 3,500년 전 유라시아 초원에서 전차를 만들던 유목민들이 썼던 기호다. 이를 따온 데는 히틀러의 부하 중 한 명인 하인리히 힘러라는 사람의 영향력이 크게 작용했다.

그는 히틀러보다 더 신비주의와 오컬트를 신봉했던 사람으로서, 순수한 아리안족이 누구인지 학문적으로 증명해 보이겠다는 열망으로 아시아의 깊은 산속으로 들어갔다. 아리안족의 기원이라고 알려진 티베트고원과 파미르고원을 찾아간 것이다. 그리고 그곳에서 운석으로 만든 불상을 발견해 가지고 나왔다고 주장했다. 히틀러에게는 이와 같은 보물을 발견했으므로 나치가 제1차 세계대전에서 승리할 수 있다고 이야기했다. 영화 〈인디아나 존스〉는 실제 이러한 스토리를 배경으로 제작되었다.

순혈에 대한 망상은 일본인에게도 똑같이 존재했다. 일본인들은 자신들의 조상인 야마토인만이 위대한 민족이라고 주장하며 원래 그 땅에 살고 있었던 북쪽의 아이누족과 남쪽의 류큐족(오키나와인)을 무자비하게 탄압했고, 나아가 한반도를 침략해 조선인들도 같은 방식으로 지배하고 학살했다. 그들은 이것이 순수한 단일 민족을 찾기 위해서는 어쩔 수 없는 행위이며 다른 민족은 이를 방해하고 더럽히는 피를 갖고 있다고 주장하여 식민 지배를 정당화했다.

그렇다면 지금은 순혈주의와 제노포비아Xenophobia 현상이 사라졌을까? 그렇지 않다. 인종차별은 교묘하게 변형된 형태로 계속해서 나타나고 있다. 유럽에는 신나치주의가 등장했고, 미국에서도 코로나19 팬데믹 이후에 아시아인에 대한 혐오 범죄인 에이시안 헤이트Asian Hate가 하나의 유행처럼 퍼져나갔다.

스스로 순수하다고 믿는 환상은 그 자체만으로는 큰 문제가 되지 않는다. 거기서 더 나아가 타인을 차별하기 위한 구실로 삼고 다른 사람을 배격하면서 폭력과 학살, 탄압을 자행하기 때문에 위험한 사상으로 금기시되는 것이다. 앞으로도 순혈주의에 집착한다면 이와 같은 비인간적인 범죄가 언제라도 다시 일어날 수 있다는 것을 명심해야 한다.

순혈을 지키기 위한 피나는 노력

나치와 같은 제국주의 이전에도 자신들의 피가 평범한 사람과 구별된 위대한 가문의 상징이라고 여긴 사람이 많았다. 이들은 자신의 순수한 혈통을 지키기 위해 근친혼을 비롯해 여러 가지 방법으로 노력을 기울였다. 가장 대표적인 예가 유럽의 왕가들이다.

앞서 인간의 혼인 문화는 필연적으로 다른 종족이나 인종과 피가 섞이면서 대를 잇는 행위라고 이야기했다. 그래서 왕족이나 귀족 중에는 순혈을 지키기 위해 다른 가문과 결혼하지 않고 근친혼을 하는 경우가 많았다. 그 결과 왕족들은 유전병으로 고생하는 일이 비일비재했고, 심한 경우 사망에 이르기도 했다.

다음 그림은 스페인의 번영을 이끌었던 합스부르크가의 마지막 왕인 카를로스 2세의 초상화다. 초상화를 그릴 때는 보통 인물을 어느 정도 미화하기 마련이지만, 그런 점을 고려하더라도 카를로스 2세의 모습은 무언가 많이 불편해 보인다. 턱이 많이 튀어나와 있고 눈은 초점이 없이 흐릿하며 전체적으로 얼굴의 균형이 맞지 않는다.

이러한 주걱턱은 일명 합스부르크의 턱이라고 해서 가문에서 나타난 공통적인 특징이었다. 이 때문에 부정교합 문제가 생겨 계속 침을 흘리고 음식물을 제대로 씹을 수 없어

합스부르크 왕가의 마지막 왕 카를로스 2세의 초상 (출처: 위키피디아)

소화기관도 망가졌다. 또한 불임과 지능 저하로도 고통받았다. 심지어 근육이 제대로 발달하지 못해 잘 걷지 못하는 일도 있었다고 한다. 이런 문제의 원인으로 가장 먼저 손꼽히는 것이 바로 근친혼이었다.

물론 근친혼을 한다고 해서 후대가 모두 장애를 갖고 태어나지는 않는다. 빈도가 적으면 장애가 없는 건강한 아이가 태어난다. 다만 근친혼을 반복하면 유전적 결함이 생길 확률이 높아지면서 가문이 전체적으로 도태될 수밖에 없다. 합스부르크 왕가보다 훨씬 오래전에 이집트를 다스렸던 투탕카멘도 근친혼으로 인한 유전병으로 일찍 사망했고, 러시아의 마지막 왕인 니콜라스 2세의 아들도 혈우병을 갖고 태어나 오랫동안 고생했다.

이렇게 수많은 가문이 근친혼에 집착한 이유는 선민의식, 즉 자신과 자신의 가문은 선택받은 특별한 존재라는 특권의식에 사로잡혀 그 수를 늘리지 않기 위함이었다. 단일민족이 우월하다고 믿는 것 역시 이와 같은 선민의식을 지키기 위한 환상이다. 왕족이나 귀족들이 주장하는 핵심은 "나는 너희들과 다르고, 금수저로 태어났으므로 이 특권을 지켜야 해"라는 것이다.

권력을 타인과 공유하지 않고 폐쇄된 형태로 유지하고 싶었던 그들의 모습은 지금의 우리와도 크게 다르지 않은 듯하다. 어떻게든 가족의 부를 세습하고 특권을 다른 사람에게 나누지 않으려 갖은 애를 쓰며 발버둥 친다. 꼭 근친혼이 아니더라도 어떤 식으로든 내가 가진 것을 지키려는 노력은 요즘 사회에서도 유효하게 작용한다. 다만 근친혼이란 인간에게 기본적으로 내재한 욕망을 결혼이라는 제도와 결부해 자손을 퍼뜨린 특수한 상황이었을 뿐이었다.

이러한 특권 계층에 대한 열망은 고고학 연구에서도 자주 등장한다. 1장에서 금관을 설명하면서 등장한 편두도 이와 같은 맥락이다. 어릴 때부터 마치 옥수수처럼 머리를 길쭉하게 만들어 왕족 이외에 다른 사람은 금관을 쓰지 못하도록 특권의식을 부여한 것이다. 단일 민족이 실제로 존재하지 않음에도 어떻게 해서든지 이를 증명하려고 한 이유역시 인간의 계급적 욕망을 투영한 문화적 산물이었던 셈이다. 하지만 그 문화적 산물은 안타깝게도 인간의 생물학적 본질과는 잘 맞지 않았다.

노벨상 수상 쾌거로 이어진 작은 뼛조각의 비밀

지금까지 살펴본 선민의식이나 북방계 기원, 순혈주의 등은 인간의 오랜 역사에서 나와 타자를 구분하는 중요한 기준이었다. 그런데 최근 과학의 발전과 더불어 한 가지 요소가 더 등장하게 되었다. 바로 DNA다.

다음 사진은 러시아 노보시비르스크과학원 유전학연구소 앞에 설치된 동상이다. 유전자 연구를 위해 희생된 실험용 쥐를 추모하는 의미로 DNA를 뜨개질하듯 뜨고 있는 쥐를 만들었다.

고고학에서 고대의 인류를 파악하기 위해 DNA를 본격적으로 연구하기 시작한 것은 약 30년 전인 1980년대부터다. 최초의 연구는 이집트 미라를 분석한 실험이었다. 막 DNA가 연구되면서 사람들의 혈연과 계통을 추정하는 방법도 개발되었다. 여기에 스웨덴의 생물학자 스반테 파보는 한 걸음 더 나아갔다. 1985년에 그는 이집트의 5,000년 된 미라의 피부조직에서 유전자를 추출하는 데 성공했다. 그가 발견한 방법은 고고학계에 큰 충격을 주었다. 파보는 자

러시아 노보시비르스크 과학원 유전자 연구소 앞의 동상 (출처: 위키피디아)

신의 방법을 더욱 발전시켜 이후 네안데르탈인과 같은 시기에 시베리아에 살았던 데니소바인의 존재를 밝히는 것에 성공했다. 특히 데니소바인은 내가 유학했던 시베리아과학원에서 흔적을 찾기 위해 다년간 데니소바 동굴을 조사하던 중에 발견된 어린 소녀의 손톱만 한 뼈조각에서 DNA를 추출했다. 이 업적으로 파보는 2022년 노벨 생의학상을 받는 쾌거를 이루었다. 고고학이라는 규모가 작은 학문임에도 그 성과가 노벨상으로 이어질 만큼 DNA의 연구가 가진 가능성은 무궁무진하다.

고대 인골에서 DNA를 추출하는 방법은 모계를 밝혀내는 미토콘드리아 DNA, 부계를 밝히는 Y염색체 분석, 성별을 밝히는 아멜로제닌 유전자 검사 등 세 가지 방법을 주로 사용한다. 그중에서 가장 흔히 사용하는 방법은 앞의 두 가지다. 보통 DNA는 세포의 핵 안에 존재하는데, 생물이 죽고 썩기 시작하면 세포막이 해체되면서 그 안에 있던 DNA 역시 팝콘처럼 터져서 사라지게 된다. 다행히 DNA는 다른 곳에도 존재한다. 세포 소기관의 일종인 미토콘드리아다. 미토콘드리아 안의 핵은 오랜 시간이 지나도 비교적 잘 남아 있다. 그래서 이것을 분석하면 모계를 파악할 수 있다. 아버

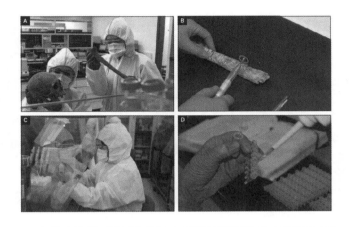

뼈에서 시료를 채취해 연구하는 모습 (출처: 국립문화재연구소)

지 쪽은 Y염색체를 분석해 알아낸다. 대부분의 연구는 비용 문제로 미토콘드리아 연구에 집중되어 있으며, Y염색체 분석은 최근이 되어서야 본격적으로 실행되고 있다. 아쉽게도 어느 쪽이든 모계 혹은 부계 중 하나만을 알아낼 수 있다.

위의 사진은 뼈에서 시료를 채취해 연구하는 과정이다. 모든 연구원은 마치 코로나 검체를 채취하듯 방호복을 입고 PCR(polymerase chain reaction, 표적 핵산을 증폭하여 검출하는 검사법) 검사를 해야 한다. 검사 과정에서 실수로 검사자의 머리카락이나 눈썹이 들어가면 결과가 정확하게 나오지 않을뿐더러 극미량으로 남아 있는 고대의 DNA를 아깝게 버리는 일이 일어나기 때문이다.

DNA를 추출할 때는 다음과 같은 과정을 거친다. 먼저 표면에 묻은 오염물을 갈아낸다. 그다음 극미량만 남아 있는 DNA를 추출해 PCR 검사로 증폭시켜 더 잘 보이도록 한다. 그리고 이것의 염기 서열을 분석한다. DNA에서는 분야별로 나타나는 것과 그렇지 않은 게 있어서 서로 비슷할수록 염기 서열도 유사해진다. 이를 근거로 특정한 사람들에게 나타나는 염기를 파악한다. 유적에서 발견된 뼈는 겉이 이미 상한 경우가 많아서 주로 안쪽의 골수 뼈세포에서 DNA를 검출한다.

이러한 DNA 연구는 전 세계에서 경쟁적으로 진행된다. 요즘 하루가 멀다 하고 발표되는 인간의 조상에 대한 유전자 실험 결과는 바로 여기에서 도출되었다. 이런 내용은 유전자 염기 서열을 분석해 퍼센트 비율을 보는 방법이 가장 흔한데, 문제는 연구할 때마다 고대 인류 비율이 다르게 나온다는 것이다. 워낙 샘플이 적다 보니 정확한 결괏값을 얻기가 어렵기 때문이다. 앞으로 샘플이 더 많아진다면 다양한 결괏값으로 점점 더 평균에 수렴하게 될 것이다.

한국인의 DNA를 찾는 데는 또 하나의 문제가 있다. 한국에서 인골이 거의 나오지 않는다는 점이다. DNA를 찾기 위해서는 먼저 뼈가 출토되어야 하고, 뼈의 상태가 좋아야 하지만, 한국 땅은 산성도가 높아 뼈가 거의 삭아서 남아 있지 않다. 그나마 시기적으로 가까운 조선시대 사람의 뼈만 일부 발견될 뿐 청동기시대나 선사시대는 거의 찾아볼 수가 없다.

어쩌다 발굴되는 뼈도 샘플이 너무 적어 정확한 결과를 얻기가 어렵다. 1960~1970년대에 환동해 지역인 두만강 건너편 러시아 연해주에 위치한 악마문 동굴Chertovy vorota이라고 하는 곳에서 인골이 나온 적이 있다. 선사시대에는 사람이 죽으면 동굴에 부장했는데, 동굴은 대부분 석회질로 이루어져 있어 비슷한 성분인 화석이나 뼈가 잘 보존된다. 덕분에 기적적으로 인골이 발견될 수 있었다. 여기에서 발견된 두 점의 뼈를 DNA 분석하자 엉뚱하게도 각각 베트남, 북극해와 관련성이 있다는 결과가 나왔다.

그리고 또 한번은 약 10년 전, 정선 아우라지 지역을 개발하면서 약 3,000년 전의 인골이 발견되어 모두를 깜짝 놀라게 한 일도 있다. 그곳에서 발견된 뼈는 예상외로 현대 영국인과 유사하다는 연구 결과가 나왔다. 아마도 실험 과정에서 오염되었을 것으로 추정하지만, 진짜 원인은 알 수가 없다. 오염이 아니더라도 이와 같은 연구는 샘플마다 결과가 다르게 도출된다. 몇 가지 샘플만으로 섣불리 결론을 도출할 수 없는 이유다. 이것은 마치 여론조사에서 표본집단이 많아야 더 정확한 결론을 내릴 수 있는 것과 마찬가지다.

과거 수만 년 동안 우리가 분석할 수 있는 DNA 표본은 극히 일부에 불과하다. 비유하면 혼잡한 종로의 지하철역에서 어떤 사람 한 명을 무작위로 잡아서 그 사람의 주소를 밝히는 것과 마찬가지다. 그 한 명의 고향을 밝혔다고 역을 거쳐 간 수천 명의 고향을 밝혔다고 말할 수는 없다. 하지만 조사가 반복되면서 표본의 수가 쌓이면 전반적인 흐름은 파악할 수 있을 것이다.

매번 연구가 나올 때마다 일희일비하거나 쉽게 단정하지 않아야 한다. 앞으로 언론에서 한국인의 기원, 고고학적 인류 분석 같은 기사를 보더라도 하나의 사례로 판단할 뿐 일반화해서는 안 된다. 그렇다면 이렇게 허무하게 결론을 내린 채로 한반도의 기원에 관한 이야기를 마무리해야 할까?

구석기시대의 사람들은 우리의 조상일까?

이제 우리가 추측해볼 수 있는 것은 한반도에 언제부터 사람이 살았는가 하는 것이다. 학자에 따라 빠르게는 80만 년 전까지 보는 사람이 있는가 하면 20만 년 전으로 추측하는 사람도 있다. 물론 그때부터 지금까지 계속해서 사람이 살지 않았다는 것은 정설이다. 호모 에렉투스, 호모 사피엔스 등 현생 인류까지 이어지는 과정에서 다른 인류가 몇 번의 멸종을 거쳐 다시 등장했다고 보고 있다.

그렇다면 빙하기 전 구석기시대 사람과 지금 우리는 같을까? 결론부터 말하자면 구석기시대 사람은 우리의 선조일 가능성이 아주 크다. 전 세계 역사를 살펴보면 빙하기가 되면서 대륙이 드라마틱하게 변화하고 그 과정에서 사람들이 사라졌다가 다시 돌아왔다. 그런데 동아시아만은 예외였다. 적어도 2만 년~1만 5,000년 전부터 꾸준하게 사람이 살고 있었다는 증거가 발견되고 있다. 바로 토기다.

우리는 토기가 주로 신석기시대에 만들어졌다고 배웠다. 그런데 고고학계에서는 최근에 토기의 기원을 후기 구석기시대부터라고 밝힌 것이다. 이로써 빙하기가 끝날 무렵부터 한국과 주변 지역에서 살던 사람들은 현재까지도 이어져 오고 있었다고 볼 수 있다.

단, 여기에는 약간의 문제가 있다. 한국을 둘러싼 일본, 만주, 중국, 러시아 연해주에서는 1만 5,000년 전의 구석기 시대 후기의 유적이 잘 남아 있는데, 남한에서는 그 시대의 유적이 아직 발견되지 않고 있다. 아직 북한 지역은 제대로 조사되지 않았고, 또 해수면이 바뀌면서 유적이 바다에 잠겼을 가능성도 있다. 그렇다고 해도 세계적으로 고고학 유적이 많이 발견된 지역 중 하나인 남한에서 후기 구석기인들의 유적만 거의 발견되지 않았다는 점은 학계에서 논란거리다. 어쩌면 당시 남한의 기후가 변화해 일부 주민이 북한이나 만주로 이동했다가 다시 남한으로 이주했을 가능성을 점치기도 한다. 과거에는 지금과 같은 국경이 없었고, 수천 년의 시간 동안 아주 천천히 수백 킬로미터의 거리를 이동하는 것은 드문 일이 아니었다. 한국을 중심으로 동북아시아 일대는 안정적인 상황에서 구석기시대에서 신석기시대로 전환되었다. 따라서 후기 구석기시대부터 한반도 근처에서 살던 사람들이 계속 한반도인의 근간이 된 셈이다.

다음 사진의 두 유물은 빗살무늬 토기와 무문 토기다. 빗살무늬 토기는 신석기시대에, 무문 토기는 청동기시대에 만들어졌다. 놀랍게도 더 나중에 만든 무문 토기가 빗살무늬 토기보다 투박하다. 그렇다면 빗살무늬 토기를 만든 신석기인들은 도대체 어디로 갔을까? 일각에서는 그들이 모두 사라지거나 이주한 뒤 북쪽에서 내려온 사람들이 한반도에 터를 잡게 된 것이라고 주장한다.

우리나라의 청동기시대는 약 3,500년 전에 처음 시작되었는데, 그때 청동기를 가지고 있던 북방 민족은 두 가지 경로로 한반도에 들어왔다. 하나는 만주에서 서쪽으로 들어

빗살무늬 토기와 무문 토기

오는 경로, 다른 하나는 환동해 지역을 통한 경로였다. 서쪽과 동쪽 사이에 산맥이 존재하기 때문에 갈라져서 들어온 것이다. 문제는 청동기 문명이 처음 들어올 때 빗살무늬 토기를 만들던 신석기인들은 어떻게 되었느냐는 것이다. 그들과 결혼해 가정을 이뤘을까? 싸웠을까? 아니면 그들을 환대했을까? 여러 가지 상상력을 발휘하게 된다.

사실 신석기인들은 청동기 문명이 들어오기 이전부터 서서히 멸망하고 있었다. 발견되는 유적이나 유물을 살펴보면 약 4,000년 전부터 사라지고 있었음이 보인다. 기후가 악화되면서 인간이 살 수 없는 상황이 되었기 때문이었다.

다음 신석기시대의 유적을 보자. 이 유적에서는 약 5,000~4,000년 전부터 정착민들이 집 자리를 버리는 모습이 발견된다. 한곳에 정착해서 오랫동안 살지 않고 떠돌아다니게 된 것이다. 농사를 지을 수 없을 만큼 기후 상황이 심각해지면서 식량 문제도 발생했을 것이다. 그 결과 인구가 감소하고, 와중에 청동기인들이 내려오면서 척박한 기후에 더 잘 적응할 수 있게 되어 한반도에 정착해서 살아가게 되었다.

기원이라는 것은 핏줄이 아니다. 적응이다. 마지막까지 남는 사람이 결국 후손을 더 많이 퍼뜨릴 수 있다. 그럼 그

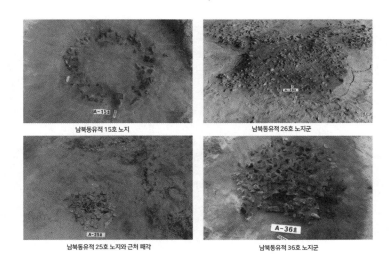

남북동유적 15호 노지

남북동유적 26호 노지군

남북동유적 25호 노지와 근처 패각

남북동유적 36호 노지군

신석기시대의 집터 유적 (출처: 서울대 박물관)

들이 기원이 되는 것이다. 다시 말해, 기원은 순수하고 우월한 것이 아니라 누가 더 환경에 잘 적응했나를 가늠하는 기준일 뿐이다.

청동기시대 사람들은 처음에 밭농사를 짓다가 나중에 논농사를 지었다. 신석기시대의 주민들보다 더 견고한 마을을 이루어 협력했고 기술을 발전시켜 본격적으로 농경사회에 진입했다. 이들이 남쪽으로 내려오면서 신석기인들과 전쟁을 벌였다는 기록 혹은 흔적은 아직까지 발견된 바가 없다. 그렇다면 빗살무늬 토기를 만들던 사람들은 평야가 아니라 식량을 얻기 쉬운 바닷가 쪽으로 이동해서 살았을 수도 있다.

신석기시대의 대표적인 유적인 조개무지는 현대에 당시의 시대상을 연구하는 보물창고의 역할을 하고 있다. 이 조개무지는 청동기시대에 들어와서 감쪽같이 사라졌다. 더 이상 바닷가에서 조개를 먹지 않게 되었다는 뜻이다. 조개뿐만 아니라 물고기를 먹은 흔적도 없다. 이는 어로 생활이 완전히 끝났음을 의미한다.

청동기시대에는 수렵 생활을 할 필요가 없을 만큼 탄탄한 경제 공동체가 생겨났다. 쌀농사는 힘을 모으면 모을수록 수확량이 늘어난다. 이들은 완벽하게 자신들의 문화를 한쪽으로 통일했다. 우리가 스스로를 단일 민족, 문화 공동체라고 말하는 데는 이런 영향이 크게 작용했을 것이다. 서로 결속을 다지기 위해 협력하다 보니 우리와 타인, 안과 밖을 구분하는 강력한 체계가 형성된 것이다.

우리와는 다른 일본

그렇다면 한반도 주변 다른 나라는 어땠을까? 일본의 신석기시대는 기원전 1만 3000년 전부터 기원전 300년까지로 대표적인 유물인 새끼줄 무늬 장식의 토기에 빗대 조몬토기 문화라고 불린다. 조몬은 바로 '새끼 무늬'라는 뜻이다. 기원전 2900년에서 기원전 2500년 사이에는 도래인이라 불리는 한반도계의 사람들이 일본 열도에 널리 확산되었다. 그들은 마을을 만들고 쌀농사를 하던 사람들로 '야요이 문화'라고 분류되었다. 일본도 남한처럼 쌀농사라는 새로운 생활 방식을 받아들이면서 거스를 수 없는 문화의 흐름에 올라탔다.

하지만 한국과 달리 일본에서는 신석기시대 문화가 완전히 사라지지는 않았다. 남북으로 길게 뻗은 일본 열도라는 지형적 특성 때문이다. 일본 열도의 북쪽에 위치한 도호쿠와 홋카이도 지역까지는 야요이문화가 닿지 않았다. 도쿄를 중심으로 하는 간토 지방에서도 야요이문화가 조몬문화와 섞여 색깔이 뚜렷하지 않았다. 하물며 홋카이도는 거리라는 지리적 제약은 물론 추운 기후 때문에 쌀농사를 짓고 살기도 쉽지 않았다. 그러니 야요이문화의 쌀농사와 공동체 문화가 정착할 수 없었다.

홋카이도 지역에는 지금도 원주민인 아이누인들이 살고 있는데, 그들 사이에는 조몬문화의 흔적이 남아 있다. 규슈 남부 지역에는 조개를 채취해 살던 사람들도 여전히 거주하는데, 이들은 고분시대부터 내려오는 문신(이레즈미)이나 이빨을 뽑아서 검게 만드는 풍습(발치) 등도 그대로 지키고 있다. 신화를 보아도 일본 북쪽의 아이누인과 남쪽의 규슈 해안가 사람들은 비슷한 요소가 많다. 한마디로 남북으로 길게 뻗은 일본과 같은 사회에서는 이전의 신석기시대의 문화를 유지하면서 농경사회의 주변에서 그들과 함께 살 수 있었다.

이러한 일본의 지형적인 차이는 일종의 '모서리 효과'가 작용한 것이다. 러시아워의 지하철로 비유해보자. 지하철이 매우 붐비는 역에 정차하면 사람들은 순식간에 물밀 듯이 밀려 들어온다. 그러면 원래 있었던 사람들은 화차의 양쪽 모서리로 몰리게 된다. 즉, 모서리에 있는 사람들은 차량이 붐비기 전에 탄 사람일 가능성이 크다. 일본 열도도 마찬가지였다.

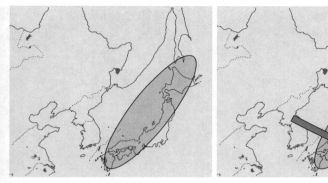

한국의 청동기시대 유입 이전 일본의 조몬문화

야요이문화 확산

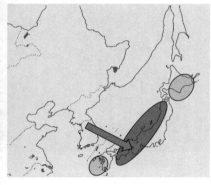

한국에서 건너간 야요이문화 확산, 주변의 홋카이도와
큐슈 남부는 이전 문화가 남아있음

결론적으로 일본은 가장 떨어진 남쪽과 북쪽
에서 서로 유사한 문화가 많이 남게 된 것임

야요이문화 유입 전후 일본의 주민 변화에 대한 도식도

전라남도 완도군 고금도에 있는 고인돌(교성리 고인돌)

한국은 일본에 비해 국토 모양이 균일하므로 청동기시대 쌀농사로의 이행은 모든 지역이 거의 예외 없이 한 번에 진행되었다. 다도해의 중심인 신안과 진도, 완도 등에도 조개무지 유적은 거의 발견되지 않고, 농경사회에서 만든 고인돌만이 남아 있다.

한국은 늘 이처럼 새로운 문화를 빠르게 받아들였다. 지난 100여 년 남짓한 기간에 조선이 망하고 근대화되면서 한국은 과거의 모습을 거의 찾아볼 수 없을 정도로 변했다. 심지어 한국인들의 신체 또한 비약적으로 서구화되었다. 이러한 변화에는 기본적으로는 식습관 등 자체적인 문화의 영향이 더 컸다.

한국은 코로나19라는 유례없는 전 세계적인 위기 상황에 대처하는 모습도 상당히 재빨랐다. 한반도라는 지정학적인 특성상 새로운 문화로 재편되는 과정이 매우 신속한 덕분이었을 것이다.

빗살무늬 토기에서 청동기시대로 바뀌는 과정 또한 크게 차이는 없었을 것이다. 3,500년 전쯤 두만강과 압록강 유역에서 밀려오는 새로운 청동기시대의 물결은 한반도 곳곳에 전파되었다. 그들은 무문 토기라는 그릇을 만들었고 농사를 기반으로 마을을 형성했고 고인돌을 만들며 한반도의 구석구석을 자신들이 가져온 새로운 삶의 방식으로 재편했다. 그 결과 빗살무늬 토기의 흔적은 거의 남지 않게 되었다. 이렇게 신석기시대에서 청동기시대로 급변한 이유는 거주할 수 있는 지역이 적고 서로 밀접하게 엮일 수밖에 없는 지리적 환경 때문일지도 모른다.

이러한 변화 때문에 한동안 학자들은 신석기시대에서 청동기시대로 변하는 과정에서 새로운 주민들이 만주에서 내려왔다고 생각하는 '주민교체론'을 주장해왔다. 그런 방식의 이주 또는 정복을 증명하려면 인골이나 인골의 DNA를 분석해보아야 한다. 하지만 아직까지 그런 증거는 나오지 않았다.

게다가 청동기시대가 시작되기 이전부터 빗살무늬 토기를 만든 신석기시대의 유적은 급격하게 줄어들고 있었다. 즉, 어떤 원인으로 이미 살기가 어려운 환경이 조성된 것이다. 그렇게 수백 년이 흐르고 만주에서 새로운 생활방식을 가진 사람들이 내려와 정착했다면 남아 있던 사람들도 적극적으로 새로운 문화를 받아들였을 것이다.

고고학계는 이 문제에 대해 아직도 정답을 찾아가고 있

다. 정말 빗살무늬 토기를 만들던 사람들의 생활풍습이나 언어는 한반도에 전혀 남아 있지 않을까? 그 50년 묵은 질문 역시 우리가 해결할 과제일 것이다.

4. 우리가 걸어온 길,
우리가 나아갈 길

흉노는 정말 신라인의 조상이었을까?

삼국의 지배계급은 모두 자신들이 북쪽에서 내려왔다고 주장했다. 고구려, 백제의 왕족이 스스로 부여 계통이라고 말한 내용은 기록에도 남아 있고 고고학적으로 증명되기도 했다. 앞서 2장에서는 신라인들이 흉노인을 자처했고 실제로 인적 교류도 있었다고 이야기했다. 그렇다고 해서 수천 명의 군사가 내려와 신라 정권을 갈아치운 것은 아니다. 또한 삼국시대에 살았던 모든 사람이 북쪽에서부터 남하한 것이 아니라 지배계급에 한정된 주장에 불과하다.

이 주장은 몇몇 경우에 시기적으로도 맞지 않는다. 신라 시대는 흉노가 사라진 지 300년이나 지난 다음에 생겨났다. 이때 남은 흉노인들은 실제로 나라를 이루고 번영하던 사람들이 아니라 뿔뿔이 흩어지고 남은 후손들이었다. 이런 일부의 사람을 신라 전체로 확대 해석하는 것은 고대인들의 상황을 전혀 고려하지 않은 것이다.

또 하나의 문제는 흉노족의 실체다. 흉노는 하나의 민족을 말하는 것이 아니다. 유목민들에게는 단일 민족 개념이 없으므로 흉노도 수십 개의 부족이 섞인 모자이크 같은 형태였다. 대체로 흉노는 투르크계와 몽골계 언어권으로 나뉜다고 한다. 그들은 500년 가까이 유라시아 초원에서 세력을 확장하고 서로 정복하는 과정을 되풀이했다. 이것은 미국이 유럽이나 남미, 아프리카 등에서 모인 사람들로 이루어진 대표적인 다민족 국가인 것과 마찬가지다. 흉노 역시 하나의 조상에서 갈라져 혈연관계로 맺어진 것이 아니라 고대 삼국 시대 사람들 사이에서 관념화되고 상상이 섞이면서 형성되었다.

이에 대해 정확한 결론을 내리기 위해서는 신라인의 인

골에서 DNA를 추출해 당시 유라시아 초원 지역과의 연관성을 살펴야 한다. 남아 있는 신라인의 인골이 많지 않으므로 연구에 어려움을 겪던 중, 최근에 6세기경에 죽은 것으로 추정되는 인골을 발견해 분석한 결과 북방지역과는 관계가 없으며, 대신에 한국인과의 관련성이 훨씬 강한 것으로 나타났다. 신라인들의 DNA에는 다양한 유전자가 섞여 있지 않고 단순한 편이다. 버스가 종점으로 갈수록 사람들이 적어지는 것처럼 대륙의 끝에 자리한 신라까지 다른 민족들이 내려왔다고 해도 그 흔적이 남아 있을 가능성은 상대적으로 많지 않기 때문이다.

몇 년 전 등장한 태극기 집회를 떠올려보자. 집회에 참여한 이들은 자신들의 정치적인 성향을 주장하기 위해 우호적인 관계라고 생각하는 미국, 이스라엘 등 다양한 국가의 국기를 들고 나왔다. 만약 수천 년 뒤에 어떤 고고학자나 역사학자가 다른 자료 없이 이 사진만 발견한다면 어떤 생각을 할까? 아마 이 집회를 이스라엘이나 미국과 혈연관계에 있는 사람들이 주최한 국제적인 집회였다고 추론할 수도 있지 않을까?

물론 이것은 어디까지나 극단적인 예지만 '누구의 후손'

이라고 하는 고대의 기록이나 자료는 결코 그들의 혈연만을 강조하는 것이 아니라 정통성에 대한 믿음일 가능성이 크다. 혹은 그들의 '워너비(되고 싶어하는 모습)'를 표현한 것일 수도 있다. 따라서 삼국에서 북방지역의 정통성을 주장하는 것은 이처럼 혈연의 문제가 아니라 당시 사회와 문화적인 배경에서 이해해야 한다. 현대의 관점에서 바라본 문화는 단편적인 해석만 불러일으킬 뿐이다.

기마민족은 정말로 정착민들을 정복했을까?

신라가 흉노임을 자처하는 사건과 함께 흔히 나오는 또 하나의 학설은 '기마민족설'이다. 이 설은 1940년대에 일본의 고고학자 에가미 나부오가 처음 제기했다. 이 학설은 표면적으로는 당시 한반도와 일본이 유라시아와 동떨어져 고립된 것이 아니라 서로 영향을 주며 함께 역사를 만들었다고 착각하게 만들기 쉽다. 한국에서도 그의 학설에 영향을 받아 신라나 가야로 진출한 북방의 기마민족이 나라를 세웠다고 주장하는 학자도 있을 정도다.

하지만 에가미 나부오가 주장하는 기마민족설에는 기마인들이 일본으로 진출한 과정이 전부 생략된 채 단편적인 자료만 나와 있다. 북방 유라시아의 사람들의 선진적인 기술과 기마술은 당연히 한반도와 일본으로 넘어갈 수 있다. 그런데 수천 또는 수만 명의 기마인들이 험준한 산지를 뚫고 내려와 정권을 바꾸었다고 결론을 내리는 것은 논리의 비약이다.

나아가 일본이 주장하는 기마민족설의 핵심은 기마민족의 도래가 아니라 일본이 삼국시대에 한반도를 정벌할 정도로 강력한 국가라는 환상을 심어주려는 데에 있었다. 일본은 메이지 유신 이후 한국과 만주를 점령하며 아시아에서 벗어나 '탈아입구脫亞入歐'하고자 했다. 기마민족설은 바로 자신들은 토착 동아시아인이 아니라고 하는 억지 주장 가운데 하나였을 뿐이다.

물론 동아시아에서 기마민족의 영향력은 거대했다. 우리가 배운 역사에서도 칭기즈칸, 티무르제국, 거란족 등 강력한 기마인과 그들의 국가는 수많은 민족을 정복하고 세력을 키워왔다. 문제는 그 과정에 대한 상세하고 구체적인 논증 없이 일부 자료만으로 성급한 결론을 내리는 것이다. 현대인으로서 자신이 보고 싶은 대로 그들의 역사와 이동 과정을 단정하는 것은 경계해야 한다. 이런 결론은 자국에 대한 지나친 자부심과 주변 국가에 대한 혐오로 이어질 수 있기 때문이다.

에가미의 기마민족설이 일본에서 널리 퍼진 이유는 세계 제2차 대전 이후 패망한 일본이 여전히 자신들을 주변 국가와 구별된 우월한 천손 민족이라는 믿음을 유지하는 데 도움을 주었기 때문이다. 그리고 이후 한국전쟁과 도쿄 올림픽을 거치면서 한국이나 중국에 대한 비하와 혐오가 이어졌고, 지금도 이 문제는 계속해서 이어지고 있다. 역사를 바라보는 관점을 왜곡하면 국가 우월주의라는 망령에 사로잡혀 과거를 똑바로 보지 못하게 된다. 이런 문제는 비단 일본뿐 아니라 어느 나라에서든 생길 수 있다.

예컨대, 2008년과 2022년 중국 올림픽 개막식에서 한복과 한국의 문화가 등장하면서 논란을 일으킨 적이 있다. 세계인의 축제라는 올림픽에서 다양한 나라의 풍속이 등장하는 것은 자연스럽다. 중국에서도 김치나 한복과 같은 한국 문화를 '다양성'이라는 측면에서 소개했다면 올림픽 취지에 잘 부합했을 것이다.

하지만 중국 내의 조선족을 거론하며 한국의 역사를 '중국문화의 일부'라는 식으로 호도한다면 외교적으로 큰 문제가 된다. 즉, 과거 역사는 그 자체로 따로 존재하는 것이 아니라 어떻게 해석하느냐에 따라 현대인들의 인식과 외교에도 큰 영향을 준다.

유전자가 전하는 새로운 역사

그렇다면 한민족이 유라시아의 민족들과 교류하며 이주해온 과정을 어떻게 증명해야 할까? 고려시대 무렵에 칭기즈칸과 그의 부대가 세계를 정복한 과정에서 이를 짐작해볼 수 있다.

2003년에 칭기즈칸의 정복과 관련해 〈몽골인의 유전적 유산The Genetic Legacy of the Mongolia〉이라는 제목의 논문이 나온 적이 있다. 이 논문에서는 몽골인들의 DNA를 분석해 부계 혈통이 분포된 형태를 살펴봤다. 현재 중앙아시아 사람들의 DNA를 분석한 결과, 그중 8퍼센트는 부계 혈통이 같은 것으로 밝혀졌다. 논문의 저자는 그 사람이 칭기즈칸일 것이라고 추정했다. 그가 정복하는 곳마다 현지의 여성을 만나 자손을 퍼뜨렸기 때문에 가장 가능성 있는 이야기라고 본 것이다.

그리고 이 논문은 곧바로 칭기즈칸의 존재를 증명했다는 식으로 보도되었다. 하지만 이것만으로 칭기즈칸의 DNA를 발견했다고 오해해서는 안 된다. 같은 혈통이라고 해서 단 한 명의 조상에서 갈라져 나왔다는 의미는 아니기 때문이다. 이들이 같은 부계라는 것은 중앙아시아라는 샘플이 가진 한계이지, 칭기즈칸의 후예라는 증거로 볼 수 없다.

당시 몽골인들은 조선시대의 한국처럼 혈연관계를 중요시하지 않았다. 칭기즈칸의 첫째 아들인 주치만 해도 그의 혈연이 아니다. 칭기즈칸이 전쟁을 벌이던 중에 부인이 적에게 납치되었는데 이후 돌아온 부인은 이미 임신한 상태였고 그렇게 태어난 자녀가 첫째 아들인 주치였다. 그런데도 칭기즈칸은 전혀 차별하지 않고 그를 친아들로 키웠다. 유목민들에게는 혈연이 중요하지 않았기 때문이다. 주치의 후손들에게서 DNA를 추출해 분석한다면 아마도 칭기즈칸과는 전혀 관련이 없을 것이다.

물론 칭기즈칸의 후손들은 몽골이 강성할 당시 안정적

으로 살았기 때문에 생존해서 후손을 더 많이 퍼뜨렸을 가능성이 크다. 그렇다고 해도 이후 중앙아시아에서는 신흥 유목민 세력이 우후죽순처럼 발흥해 이전 세력들은 멸절되다시피 했다. 우리나라로 비유하면 조선시대가 들어서면서 고려시대의 왕족들이 혹독하게 박해받은 것과 같다. 하물며 초원 지역에서는 그런 과정이 빈번하게 발생했을 것이다.

그렇다면 다수의 중앙아시아인들을 칭기스칸의 후손이라고 오해할 수 있는 이 연구는 실제로 무엇을 의미할까? 이 연구결과가 나온 데는 몇 가지 가능성이 있다. 첫 번째로 '개체 병목 효과Population Bottleneck'다. 예를 들어, 페스트 같은 집단 전염병으로 수많은 사람이 죽고 단 몇 명만 살아남아 자손을 퍼뜨려야 하는 상황이 되었다고 가정해보자. 그러면 이후에 태어나는 사람들은 모두 이 소수의 유전자를 갖게 될 것이다. 팬데믹이 지나가고 난 후에 살아남은 극소수의 사람을 반드시 유목국가의 왕족이라고 생각할 수는 없다.

물론 인간이 키우는 동물 중에는 우수한 유전자를 퍼뜨리기 위해 의도적으로 교배해 자손을 퍼뜨리는 사례가 있다. 말 중에 능력이 뛰어난 말을 종마라고 하는데, 이 말이 은퇴하면 오로지 교배로 유전자를 퍼뜨리는 데에 쓰인다.

이러한 과정을 인간에게도 실행한 사례가 있다. 첫 번째는 알타이의 전사들이다. 알타이의 파지릭에서 가장 대표적인 유적은 대형고분으로 1장에서 설명한 것처럼 여기에는 전사들이 많이 묻혀 있었다. 이 무덤에 묻힌 사람들은 전부 남자로, 그리스어로 코미타투스Comitatus라고 하는 왕을 따르던 사람들이었다.

그리스 기록에서는 이 전사들을 고자란 뜻의 '에나리스Enarees'라고 불렀다. 초원의 전사들은 여성이나 돈에도 관심이 없고, 충성심과 우정만을 위해 싸우는 인간병기와도 같아서 다른 나라에 상당한 위협이 되었다. 게다가 이들은 결혼도 하지 않았다. 가족을 두고 언제 목숨을 잃을지 모르는 전쟁터에 나갈 수는 없었기 때문이다. 그저 왕을 따라다니며 주군의 목숨을 지키는 일만 충실하게 실행했다.

그렇다면 이 문화권에서 자손은 어떻게 유지되었을까? 이 무리에는 출산을 전담하는 무리가 따로 있어서 아이를 낳으면 집단 양육 장소로 보내는 식으로 출산과 사회활동을 분리했다. 영화 〈300〉에 등장하는 스파르타의 문화가 초원 지역에서는 이미 널리 퍼져 있었던 것이다. 실제로 한 파지릭 고분에서 발견된 뼈로 DNA 분석을 해보자 300킬로미터 떨어진 곳에서 발견된 인골과 유전 형질이 같은 것으로 나타났다.

두 번째로 '창시자 효과Founder Effect'도 생각해볼 수 있다. 이는 사람들이 계속해서 이주하다가 어떤 원인으로 특정 지역에 머무를 경우, 그 소수의 사람이 가진 유전자 특성이 아주 강해지는 것을 말한다. 이것을 언어로 비유해보자. 만약 어떤 배가 항해를 하다가 난파를 당했는데, 공교롭게 특정 지역의 사투리를 쓰는 사람들만이 살아남아서 무인도에서 정착했다고 생각해보자. 수백 년이 지나면 이곳에는 하나의 사투리만 남아 그것을 표준어로 쓰게 될 것이다.

칭기즈칸에 관해서는 수많은 연구가 쏟아지고 있다. 잘 알려진 칭기즈칸의 연구 사례도 복잡한데, 그보다 더 이전인 한반도의 고대 상황은 짐작하기가 더 어려울 것이다. 그것을 증명하기 위해서는 얽히고설킨 사회적 맥락과 다른 분야의 연구를 비교하며 복합적으로 이해해야 한다. 무엇보다 모든 연구에 일희일비하고 쉽게 단정을 내릴 필요는 없다. 이 순간에도 계속해서 새로운 연구들이 나오기 때문이다.

DNA를 활용한 인간 기원 연구는 충분히 매력적이다. 이미 고고학자들도 유물을 분석하는 것만으로는 고대 인류의 흐름을 밝히기 어렵다는 것을 인정하고 고생물학, 언어학 등과 결합해 종합적인 의견을 내는 데 노력하고 있다. DNA 연구는 역사 연구의 새로운 패러다임이다. 가장 개인적이고 은밀한 인간의 내력이 모여 거대한 역사를 이루기 때문이다.

나는 "가장 개인적인 DNA가 가장 보편적인 역사가 된다"고 말하곤 한다. 역사와 고고학은 집단화된 과거의 모습을 보여준다. '고조선인들은 비파형 동검을 사용했다'라거나 '조선시대 양반은 갓을 쓰고 도포를 입었다'는 사실은 그 시대의 전반적인 특징이다. 하지만 고분에서 발굴된 인골의 DNA는 한 사람의 역사를 대변한다.

이런 유전적 특성은 21세기에 극도로 개인화되어 소셜미디어로 소통하는 현대인의 모습과도 이어진다. 소셜미디어에 올리는 글이나 사진은 지극히 개인적인 의견의 표출이지만, 이것이 모이면 사회를 움직이는 원동력이 되고 시대의 흐름으로 나타난다. 유전자 연구도 마찬가지다. 개별 연구는 각자의 모습을 숨김없이 보여준다는 점에서 매력적이지만, 그 결과로 치우친 결론을 내려서는 안 되며 전체로 치환해 융합된 모습을 객관적으로 들여다봐야 한다.

'단일민족'의 신화를 넘어서

신석기시대에서 청동기시대로 넘어가는 주민의 교체가 증명되지 않은 가설이듯 한반도가 단일민족이라고 생각하는 것 역시 증명되지 않은 가설이다. 다른 사람들과 섞이지 않고 순수함을 지킨다는 것은 인간의 진화적인 속성에 반하며 실제와도 맞지 않는다. 과거에는 지금처럼 이민이 흔하지는 않았지만, 한반도는 동아시아 이외의 지역과 꾸준히 교류했고 심지어 종종 한반도에 들어와 정착한 사례도 발견되었다.

주민의 교체와 단일민족설보다 더 중요한 것은 이렇게 유입된 사람들이 지역의 지리적·인문적 환경에 맞게 적응했냐는 것이다. 토착 사회에서 이방인을 받아들일 때는 그 사회의 필요나 제도가 뒷받침되어야 가능하다. 즉, 이방인의 DNA가 남는다는 것은 그들이 가진 정치, 사회, 문화, 관습 등이 현지와 잘 조화되었고, 상대적으로 생존의 가능성이 컸다는 방증이다. 즉, 특정한 집단의 생물학적인 DNA가 나왔다면 그들이 그 사회에서 잘 적응했음을 의미한다.

3장에서도 살펴봤지만, 적응 잠재력은 인간의 생존 가능성을 높인다. 지구에 빙하기와 같은 급격한 한랭화가 발생하면 북극권의 알래스카나 시베리아에 사는 사람들처럼 추위에 적응한 사람들만이 살아남을 것이다. 이것은 우월의 문제가 아니다. 척박한 환경에서 생존율을 높이기 위한 절박함이 강한 신체를 만든 것이고, 그 덕분에 다른 위기 상황도 잘 극복할 수 있게 되었을 뿐이다.

기마민족의 출현과 확산도 생각해보자. 푸른 초원에서 유목하는 사람들에게 농사에 적합한 한반도의 땅은 결코 매력적이지 않았을 것이다. 반면 평생 농업에 종사한 한국인들이 몽골 초원으로 이주한다면 동물을 기르기에 적합한 초원보다는 농사를 지을 수 있는 얼마 안 되는 물가를 찾아 이주하게 될 것이다. 초원의 기마대는 한반도와 일본으로 내려오려면 수많은 말을 먹일 목초가 필요했다. 그들에게는 경주나 부여 같은 평야보다는 강원도 대관령의 초원이 훨씬 더 매력적이었을 것이다. 즉, 기마민족의 기마술과 새로운 전술이 한국에 도입되기 위해서는 새로운 기술을 한반도에 토착화하는 적극적인 노력이 필요했다는 뜻이다.

특히 한반도의 지정학적 특징을 생각하면 이는 더욱 분명해진다. 한반도는 삼면이 바다인 반도이며 북쪽으로는 유

라시아와 이어진다. 유라시아 대륙과 동아시아와 태평양의
바다가 만나는 요충지다. 한반도는 바다로 뻗어나가는 교통
의 요지이지, 고립된 지역이 아니다. 그럼에도 우리가 지리적
으로도 폐쇄적이라고 생각하는 것은 북방민족과 통하는 압
록강과 두만강 일대가 지금은 북한에 가로막혀 있기 때문이
다. 지정학적인 상황과 정치적인 상황을 혼동하는 것이다.

한반도는 비록 매우 작은 지역이지만, 지리적 다양성만
큼은 다른 여느 나라 못지않다. 주 경제 기반은 벼농사였지
만, 전 국토의 70퍼센트가 산간 지형으로 논농사를 짓기에
는 한계가 있었다. 백두대간을 따라서 발달한 고원 지역은
시베리아에 버금갈 정도로 혹한이 몰아친다. 기후만 놓고
보더라도 단일민족이 한결같이 안정된 상황에서 대를 이어
왔다는 것은 어불성설이다. 이는 실제 사료와 맞지 않음은
물론, 지금 우리나라의 특성을 이해하고 발전하는 데에도
오히려 걸림돌이 된다.

물론 현대 한국인은 조선시대를 거치면서 세상의 어떤
나라와도 비교할 수 없을 정도로 단일한 유전인자를 유지
하게 되었다는 점에서 단일민족 신화는 더욱 공고해졌다. 우
리나라처럼 외모와 문화면에서 동질성을 띠는 국가는 흔하

지 않다.

하지만 이러한 형질의 일관성은 유구한 한반도의 형성과정이 아니라 근대 이후 조선이라는 나라가 선택한 생존전략에서 비롯되었다. 조선은 쇄국정책으로 인해 외국인에게는 극도로 배타적이었으며, 교류는 하되 혼인은 금지하는 강력한 국가정책을 시행했다. 하지만 고려 때는 몽골의 침략으로 다른 나라의 문화가 유입되고, 함경남북도 일대에는 일제강점기까지 여진족 마을이 있었다. 고기를 잡고 가죽을 가공하는 향, 소, 부곡의 백정들이 원래는 말갈과 여진에서 이주한 사람들로부터 시작되었다는 점 역시 인정받는 학설이다. 이방인의 공존은 조선사회에서 새로운 기술과 문화를 전수하는 통로이기도 했다.

만약 조선시대가 계속 유지되어 수천 년간 쇄국정책을 고집하고 외국인의 유입을 멀리했다면 이방인의 유전자는 점차 희석되고 한민족은 전 세계의 유일무이한 단일민족으로 바뀌었을 수도 있다. 하지만 그것은 합스부르크 왕가의 사례처럼 결코 좋은 결과를 가져오지 않는다. 시대의 흐름에 한참 뒤떨어져 퇴보하는 결과만을 불러일으킬 뿐이다.

최근 코로나19 상황으로 전 세계적으로 유례없는 외국

인 혐오(제노포비아)가 횡행하고 있다. 자신의 삶이 힘들면 사람들은 자신과 이질적인 사람을 배척하면서 희생양으로 삼고자 한다. 그러는 과정에서 '선민의식'과 '순혈주의'를 무기로 내세워 자신의 계통을 더 강조하게 된다. 하지만 이는 틀렸다. 순수함이나 정복이 중요한 것이 아니라 각자의 땅에 적응해 살아남는 것이 무엇보다 더 중요하다.

이 책을 쓰면서 우리나라에 사람이 정착해 수천 년을 살아온 과정에 관한 수많은 연구를 다시 읽어보게 되었다. 우리나라의 국가 형성과정은 다른 나라들과 비교해 아직 걸음마 단계다. 그럼에도 이것 하나만은 분명하다. 단일민족이란 없다. 민족은 혈연이 아니라 문화, 역사, 지리 환경이 결합된 것이며, 순수한 기원이 아니라 다양한 사람들이 만나 복잡하게 섞이며 하나가 되는 과정이다.

지금까지 한민족의 기원을 설명하기 위해 밝힌 네 가지 키워드 무기, 금관, 환동해, DNA에 대해 살펴봤다. 앞의 세 가지 키워드로는 북방 지역과의 관련성을 보았고 4장에서는 단일민족의 신화에 대한 대안을 제시했다. 교과서에서는 나오지 않는 고고학적인 접근으로 파고들었지만, 여전히 뭔가 시원한 게 없이 두루뭉술한 느낌인가? 이 책을 읽으면서 뭔가 확실한 민족의 기원을 찾지 못했다면, 그것은 나의 의도에 맞게 제대로 읽은 것이다. 나는 우리가 순수한 민족이 아니며 다양한 교류 속에서 한반도라는 지정학적 환경에 얽혀 있다고 보기 때문이다. 우리의 기원은 순수한 혈통을 찾아가는 것이라는 선입견을 깨는 것만으로도 이 책이 주는 가치는 충분하다. 인간의 학문과 과학이 발달하면서 다양한 각도에서 역사에 접근하면 할수록 우리의 형성과정이 복잡하다는 것을 발견하게 된다. 어떤 사람을 만날 때도 첫인상만으로 판단할 수 없고, 만날 때마다 느낌이 달라지는데 인간의 역사를 과연 단편적인 모습만으로 판단할 수 있을까? 이 땅에서 살아남기 위해 우리는 끊임없이 교류했다. 적응과 생존 과정이 하나하나 밝혀지면서 우리 민족의 기원도 진면목을 드러낼 것이다.

우리는 결코 외롭거나 고립된 민족이 아니었다. 앞으로도 고고학 연구를 통해 한반도의 과거와 미래를 연결해 밝히는 것은 세계 속의 대한민국을 만드는 첫걸음이 되지 않을까 생각한다. 가장 개인적으로 활발하게 교류한 나 자신의 모습, 이것이 바로 무엇보다도 가장 한국적인 21세기 한반도의 모습이다.

주요 키워드

샤자뎬 상층문화

"동아시아에서 가장 일찍, 가장 발달한 청동기 문화의 탄생"

청동기시대 후기에 중국 동북지방에서 나타난 문화다. 연대
는 기원전 1200~700년까지 약 500년이다. 여기에서 발견
된 대표적인 유물로는 손으로 만든 토기와 청동기로 만든
무기, 공구, 장식품 등이 있다. 이 문화는 한반도의 청동기
문화에도 큰 영향을 미쳤다.

거푸집

"한 치의 오차도 없는 청동기물을 완성하는 정교한 도구"

청동기를 만들 때 쇳물을 부어 모양을 잡아주는 도구다. 거푸집을 오차 없이 정교하게 만들어두면 청동기물을 대량으로 생산할 수 있었으므로 지배 계층은 이를 제작할 수 있는 고급 기술을 보유한 청동기 기술자를 확보하는 데 많은 노력을 기울였다. 얼마나 정교한 청동기물을 만들 수 있느냐가 당시 지배 권력의 척도가 되었기 때문이다.

흉노족

"시베리아에서 만리장성까지, 광활한 초원을 지배한 기마민족"

기원전 3세기 말부터 기원후 1세기 말까지 시베리아의 초원 지역을 중심으로 활약한 대표적인 유목민족이다. 이들은 목축을 해야 했으므로 한곳에 머무르지 않고 거주지를 끊임없이 옮겼다. 아울러 군사력을 길러 다른 민족을 끊임없이 정복하기도 했다.

계림로 단검

"유라시아의 화려함을 상징적으로 나타내는 황금 보검"

신라 대릉원을 따라 도로를 내는 공사를 하던 중 발견한 작은 고분 계림로에서 출토된 금장식의 단검이다. 정확한 유입 경로를 확인할 수는 없지만, 무덤의 주인으로 미루어 짐작건대 북방 지역으로 파견되었던 신라인이 전공을 세워 하사받은 것으로 추측한다. 북방 지역과 신라의 교류를 보여주는 대표적 유물이다.

읍루

"한반도 북부 지역에 숨어 있던 빛나는 역사"

약 2천년 전에 한반도 동북쪽과 연해주에서 살던 사람들이다. 정확한 위치는 연해주 방면에서 헤이룽강 하류와 쑹화강 유역에 걸쳐 있다. 험준한 지역적 특징으로 농사보다는 사냥과 채집으로 경제 활동을 영위했으며 특히 사치품인 모피를 생산해 높은 이익을 얻은 것으로 알려져 있다. 한반도

가 주변국과 교류하며 문명을 발전시키는 데 통로로써 중요
한 역할을 했다.

환동해

"장백산맥과 동해의 기상을 이어받은 동북아시아의 핵심 구역"
대한민국의 한반도, 중국의 만주, 러시아의 연해주, 일본열
도 등에 둘러싸인 동해 지역을 뜻한다. 동쪽으로는 장백산
맥이 가로막고 있어 독특한 자연환경과 식생을 보유하고 있
다. 지리적으로는 고립된 지역이었지만, 덕분에 독자적인 문
화를 만들어 중국 중심의 역사관을 탈피할 수 있게 되었다.

우랄-알타이어족

"아시아의 다양한 언어를 아우르는 언어의 집합"
우랄 어족과 알타이 어족을 묶어 이르는 말이다. 터키에서
중앙아시아아 몽골을 거쳐 한국과 일본에 이르는 지역까지

분포하는 어족으로 여기에 포함되는 대표적인 언어로는 몽골어, 터키어, 한국어, 일본어, 만주어, 핀란드어, 헝가리어 등이 있다. 최근에는 두 어족을 나눠서 보고 있다.

DNA

"한민족의 기원을 밝힐 수 있는 새로운 치트키"

한 사람의 유전적 정보를 담고 있는 생물학적 요소다. 현대인뿐 아니라 보존 상태가 좋은 미라의 생물조직에서도 DNA를 채취해, PCR 방식으로 증폭시켜 유전적 기원을 확인할 수 있다. 모계를 밝혀내는 미토콘드리아 DNA, 부계를 밝히는 Y염색체 분석이 주로 사용된다.

주요 자료

◉ 만주 일대에서 발견된 청동거울 다뉴경 사본

건평 포수영자	내몽골연구소	십이대영자
881-2	-소흑석구	3호묘

◉ 카자흐스탄 이식고분에서 발굴된 2,400년 전의 황금 유물

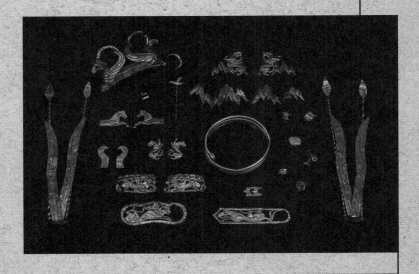

⊙ 국보 제89호 평양 석암리 금제 띠고리 사본

⊙ 계림로9호분에서 출토된 보검

⊙ 나무와 사슴을 모티프로 만든 금관

신라   크림 반도

⊙ 지린성 라오허선의 부여칼

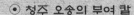

⊙ 청주 오송의 부여 칼

⊙ 나나이족의 연어 껍질 드레스

⊙ 고령 지산동 고분군의 흙방울에 새겨진 거북이